JN158073

ほどよく距離を置きなさい

弁護士
湯川久子

サンマーク出版

はじめに

ほどよく距離があるとき、人は不思議とやさしくなれるものです。

誰かと関わるとき、その対象との距離感をはかりながら、もっと近づきたいと押しすぎたり、自分なんてと引きすぎたり、ときに間違い、修正しながら人間関係を織りなしていく。人生とは、その時々で誰かとのちょうどいい距離を見つける作業の連続です。

人生をある程度長い期間生きたなら、もっとも心地いい距離を自分で見つけられる人間でいたいものです。それが私が思う、成熟した大人のイメージです。

この本で私がご提案したいと思うのは、ほどよく距離を置くという心がけ。それは、自分の夫や妻、子どもや、嫁、婿に対して。そしてご近所さんや、長年の友人に対しても。自分が思っているよりもう半歩だけ、ちょっと距離を置いてみると、いつもより少し、やさしい自分になれるような気がするのです。

近すぎる糸は、もつれます。多くの人間関係のからまりは、距離が近すぎるがゆえに起きるもの。私はこれまで六十年余りの弁護士人生で、ありとあらゆる人間関係の「もつれた糸」の交通整理をしてきました。

正しく引っ張りさえすれば簡単にほどける糸、かたい結び目になってしまった糸——。そのもつれ具合はさまざまですが、からまった糸の中にいるかぎりは、ほどくすべが見つかりません。でも、からまった場所から一歩引いて、外からそれを見ることができたら、解決の糸口が見つかります。

つまり、自分の身に起きている問題や悩みごとと、ほどよく距離を置くことができたなら、物事は解決に向かう。「法」という潤滑油を用いて、かたい結び目に見えた糸のもつれをほぐしながら、多くの方の人生の転機に立ち会わせていただいたことは、私にとって大きな学びとなりました。

私は法律家ですが、私が弁護士人生の大半を捧(ささ)げた民事裁判の世界での法とは、「裁(さば)く」のではなく「ほどく」ための法です。

人の心は、法で裁くことはできず、法廷で裁かれる「勝ち」あるいは「負け」が、人生の「本当の幸せ」を決めることはありません。

「勝った」はずの人生が重苦しく、「負けた」はずの人生が、軽やかで心地いい。そんなことも往々にして起こりうる、法で裁けない、複雑でグロテスクな人間模様を目の当たりにしながら、本当の幸せとはいったい何だろうかと思いを馳(は)せ続ける弁護士人生でした。

「もつれた糸をほどく」——と言いましたが、実は私は、もつれた本物の糸や紐(ひも)をほどくのは大の苦手。私は生来、気が短いようです。毎度、事務員に「ほどいてくださらない？」と頼むとあっという間にほどいてくれるので驚きます。

そんな私が、人さまの心の糸をほどくのにしつこく心がとらわれるのは、かたくもつれた心の糸をほどいて、また前を向いてほしいから。今よりも少しでも心地よく、人との交わりを楽しみながら生きていける「ほどよい距離」が見つかるのではないかと思うからです。

もくじ

2章 距離があるからやさしくなれる

3章 素直さとともに生きる

4章 心いきいきと、今を楽しむ

ブックデザイン　萩原弦一郎（256）
DTP　二階堂龍吏（くまくま団）
イラスト　しんやゆう子
構成　MARU
編集協力　乙部美帆
編集　橋口英恵（サンマーク出版）

1章
距離を置くと糸口が見える

自分の未熟さにいつも気づいているほうがいい

私が福岡市で弁護士生活をはじめたのは一九五七年（昭和三十二年）。九州での女性弁護士第一号でした。

当時はまだ「女に男の仕事などできん」「女のくせに生意気だ」という風潮のある時代で、ことあるごとに私は「なぜ弁護士になったのか」と聞かれました。

私の場合、正義感にあふれて、とか、何かの事件をきっかけに、というドラマティックなものではなく、弁護士の父から「大学に行くのなら法学部に行って司法試験を受けなさい。それが条件だ」と言われたからでした。

弁護士になり、たまたま第一号となった若い娘に、突然のしかかったのは大きな重圧でした。弁護士としての経験が浅いころは、はじめてお会いした依頼者の大半は、私をひと目見て、不安そうな表情になられたものです。けれど、そんなとき先輩弁護士が、「この人は女性ですが、なかなか頑張り屋さんなのですよ」と口添えをしてくれました。

男性ばかりの世界の中で、負けまいとやり合って相対した大先輩に「この小娘が」という態度をされてはがゆい思いをしたこともあります。弁護士は実力の世界です。依頼者の信頼に応えたいという思いが常に私を動かしていました。

弁護士生活が六十一年目となり、これまで振り返ることもなく前だけを見て走ってきた感がありますが、弁護士になりたてのころに私をおそった「自分にできるだろうか」という不安、悔しくふがいない思い、依頼者の期待に応えられなかったときの忸怩（じくじ）たる思いは、なぜか今も、心から消え去ることがありません。

私は趣味で能楽を五十年余り続けてきました。今は腰を骨折して舞をあきらめ、椅子に掛けて謡（うたい）の稽古を続けているくらいですが、自宅兼事務所の玄関横の稽古場に一歩入ると、今も背筋がピンと伸びる思いがします。

能楽の大成者・世阿弥は、『風姿花伝』の中で「初心忘るべからず」と言っています。

この「初心」という言葉は、「それをはじめたころの気持ちや志」ととらえられがちですが、世阿弥が説いた「初心」の真意は、はじめて事にあたる未経験な状態、未熟さそのもののことを指していると言われます。

つまり「初心に帰る」のは、未熟な自分に戻ること。「自分の未熟さを忘れることなく精進しなさい」ということなのです。

私の胸に今も、新人時代のあの痛恨の思いがあるからこそ、私はこうして弁護士として息長く、依頼者のお役に立とうと、裁判所へ足を運べるのかもしれない。いつしかそう思うようになりました。

同じ『風姿花伝』の中で、世阿弥はこうも表現しています。

「時分の花をまことの花と知る心が、

真実の花になほ遠ざかる心なり。

ただ、人ごとに、この時分の花に迷ひて、

やがて花の失するをも知らず」

「時分の花」とは、若くはつらつとした命が、自然と咲かせる花のこと。一時(いっとき)咲かせる「かりそめの花」におごれば、「真実の花」に遠ざかる。これはつくづく、人生そのものだと思い、いつも私の傍らに携えている言葉です。

弁護士として、満足のいく成果が出ても、それにおごるようなことがあってはならないと肝に銘じています。そのたびに仕切り直して、次の依頼者にまっすぐ向き合うのです。そのときに自分を謙虚に、真摯な気持ちにしてくれるのが、人生の未成熟期にさいなまれた不安や焦燥感でした。

「時分の花におごるな」。年月がたち、自分を戒めてくれる存在がいなくなったとき、自分のなかに居座り続けた「未熟さへの自覚」こそが、自分を揺らがぬよう支えてくれたことに、時を経た今気づくのです。

「かりそめの花」におごる人は生涯かけて咲かせる「まことの花」に遠ざかる

――未熟さへの自覚が自分を育てる

後ろのものを忘れ、ひたむきに前のものに向かって進め

「女も勉強するがいい」

まだ上級学校に進学する女性が少なかった時代に、父はよくそう言っていました。太平洋戦争のまっただなか、私は上海(シャンハイ)にあった実家から上京し、帝国女子専門学校（現在の相模女子大学）国語科へ入学しました。

翌年の四月十九日、東京山手の大空襲で女専の校舎も寮も皆焼失したため上海へ帰り、終戦後熊本に引き揚げ、一年休学した後に復学しました。しかし、卒業が近くなるとさらに「大学で学びたい」という思いが湧いてきました。戦争に負けた日本でしたが、終戦の年の十二月に、文部省が大学・専門学校の男女共学を認めたため、大学に入る女性も一人二人と増えていました。弁護士をしていた父

に話すと「法学部に行って弁護士か裁判官になるのなら大学へ行ってよい」という言葉が返ってきました。

もっと国文学を勉強したかった私が、法学部を受験するなど無理に決まっていると思いましたが、運よく、中央大学の法学部に合格し、再び上京しました。私には、東京で学ぶことそのものが輝いて見えていたのです。

しかし、大学での法律の勉強は予想以上に大変でした。

大学二年のとき、学内にある司法試験のための研究室の試験を受け、通ったものの、当時はまだ弁護士を志す女性が少なかった時代です。「女が入ると気が散る」と男子学生の反対があったそうです。「入室試験に通った以上、女だからと拒否するわけにはいかぬ」と試験官の裁断で入室はできたものの、女一人で受験勉強にはついていけず、息苦しくて散歩をしたり、短歌を作ったり。中途半端な勉強をしていても司法試験には受かるはずもありません。

一九五一年（昭和二十六年）、大学を卒業して熊本に戻り、弁護士の父のもとで司法試験に向けた猛特訓がはじまり、毎日十時間机に向かう日が続きました。父は「勉強さえすれば通る。あとはテクニックだ」と言っていましたが、「文学好きの頭で通るはずがない」と内心、父に反発していました。

もっとも私は幼いころから負けん気が強く、勉強も言われなくてもするほうでしたから、父はきっとそこを見抜いていたのでしょう。どれほど反発しようと平然としていて、私がどんなに答案づくりに苦しんでいても容赦ありませんでした。

父の個人指導の後は、司法修習生の指導を受け、一九五三年（昭和二十八年）にようやく筆記試験に合格し、翌年口述試験に合格。熊本の父に合格の電報を打ちました。

今となれば、あの時代に「女性も力をつけて自立していくべき」という考えを持っていた父の先見性に驚きます。もし、私が弁護士以外の道を歩んでいたら、ここまでやり遂げていたかどうかわかりませんが、振り返って思うことは、当時押しつけられたように感じていた道も、結局は自分が選んだ道だったのだということです。

私の依頼者のなかで、苦しい状況を乗り越えた後で幸せを手に入れた方は、「これが私の人生」と受け入れ、まっすぐ前を向いた方です。

離婚や遺産相続の相談の際には「これから先、どう生きていけばいいのかわからない」「昔は仲のよかった家族がこんなにももめるなんて」と悩み抜いた方が、数年後に「おかげさまで今はとても幸せです」と微笑（ほほえ）まれるとき、その表情は誇りに満ちています。私がこの仕事をしていて心からよかったと思える瞬間です。

人生の苦しい時期、うまくいかずに悩むとき、「こんなはずではなかった」と、目を背けたくなるものですが、誰のせいにしても、結局は、それがあなたの進んできた道です。

大切なのは、今いる場所にしっかりと足をつけ、体ごとしっかり前を向くこと。

そして、これから歩む道を、自分の意思で選び、歩んでいくことです。

聖書に「後ろのものを忘れ、前のものに全身を向けつつ（中略）ひた走る」というフレーズがあります（「フィリピ信徒への手紙」三章十三、十四節）。

これは、キリストの弟子となって世界を駆け回ったパウロが、自分の歩んできた道を振り返って言った言葉です。パウロは最高の教育を受けた誇り高いユダヤ人でしたが、その誇りゆえに人生の目的を失いました。彼は過去の栄光を「後ろのもの」として「忘れ」、振り返ることなく目標に向かって邁進し、喜びや愛、救いという宝を手にしたのです。

人生の中で起きたつらいできごと、家族や伴侶との問題、人間関係の不和を解決する糸口は過去にはありません。過去の栄光にすがっても未来は見えません。「今どう動くか」ということにしか、答えはないのです。今を生きていくうちに、過去歩んできた道、これから歩む道が輝いて見える日が必ずきます。

「あのとき、ああしていれば」は禁句です。過去にこだわっているかぎり、新たな道を選ぶことすらできないのですから。

「この道は私が選びとった道」そう思えたとき、これまでの人生が輝いて見える

——最後に目的地へたどりつけるなら、どの道も間違っていない

問題の渦の中に自分を投げ入れない

私のところへ相談にいらっしゃるのは、離婚や相続などの問題で家族や親族との心のもつれに苦しんでいる渦中の方がほとんどです。

なかでも、夫の暴力や暴言に苦しんできた妻は、クタクタに疲れていて、私の事務所を訪れる顔には、生気がありません。

多くの罵声を浴びて、否定され、力を奪われ、重荷をすべてその肩に背負ってしまったのでしょう。私の目を見て話すことができず、消え入るような力のない声でボソボソ話しはじめますが、そういうときこそ、まず、私はこう伝えるようにしています。

「顔を上げて、私の目を見てお話しなさい」

すると恥ずかしそうにゆっくりと頭を上げ、私の目を見られます。不思議と皆、目に光が戻ります。しだいに声のトーンが変わり、背筋が伸びてきます。それは、問題を抱えた姿から、問題と向き合う姿勢へと変わる瞬間です。

問題を抱えたままうつむいているということは、問題の中に埋もれ、問題しか見えていない状態です。それは、人生が問題そのものになっていて、自分の未来を否定しているということです。

顔を上げ、前を向くだけで、未来を見る姿勢になります。そして、その人の持つ世界が今立っている暗闇一色でないことがわかるのです。

悩みがない人はいません。

人が生きていくということは、人と関わっていくということに同じ。その中で幸せを感じることもあれば、うまくいかない事柄も起きます。

これまで多くの方と向き合ってきた中で出た結論の一つは、どんな人も、見た目の印象やその姿からは想像できない悩みや苦しみを抱えているのだ、ということ。同時に、同じ悩みを抱えていても、幸せそうに見える人と、苦しみがにじみ出ている人がいます。

その違いは、問題の渦中の暗闇一点に立ち、そこから抜け出せないと思い込んでいるのか、問題は、人生の中にある一部分だと、切り離して解決のために向き合っているのかということです。

問題の中に自分がいるのではなく、夢や希望、自由がある自分という世界の中の一点に、一つ問題が起きているだけ。俯瞰（ふかん）して自分と問題とを見つめることができれば、問題解決の糸口は必ず顔を出します。

つらい状況にいるときほど、人の目をしっかりと見てお話しなさい。足元を見てトボトボと歩くのではなく、シャンと背筋を伸ばし、前を向いてお歩きなさい。

心が疲弊しているときこそ、姿勢を整えるようお伝えするのは、問題と自分自身とに、きちんと距離を置くことが不可欠だと思っているからです。

背筋を伸ばし目線を上げれば、解決法は見つかる

——その問題は、あなたの人生のごくごく一部

一億円の慰謝料を勝ち得ても幸せになれない人の心

「一億円の慰謝料がほしい」

「他に女をつくって出ていったあの男に償わせ、一生苦しめてやりたい」

感情のままに恨みを吐き出す相談者に、私が問いかけていることがあります。

「あなたにとって、裁判に勝つってどういうこと？　私は、あなたが幸せになるお手伝いならしますが、あなたを苦しめた人を苦しめるだけの手伝いはしたくありません」

私は、家族や人間関係において法律は、誰かを裁く（さば）ためにあるのではないと思っています。そして、弁護士も、相手方に勝つために戦っているのではなく、依頼者が幸せになるためのお手伝いをしている。少なくとも私はそんな気持ちで法廷に立ってきました。

以前、私が担当したある離婚事件の話です。

私は夫側の代理人として携わっていました。

夫はとにかく早く離婚したいという思いでいっぱいでしたが、妻のほうは、夫に対する不信感がとても強く、たびたびこう言いました。

「夫のことはもう信用できませんから」

調停で、「慰謝料を一年かけて支払う。その支払いが完了すると同時に、離婚届を出す」という話になったのですが、妻は断固としてYESと言いません。こちらが「責任を持って払わせますから」と伝えても何の返事もありません。最後は裁判官もさじを投げてしまい、話がまとまりませんでした。

ここで終わらなければ、離婚は成立せず、裁判を起こすとなれば、苦しみはまた数年続くことにもなりかねません。

「奥様と直接お話をさせていただけないでしょうか」

私は裁判官にそうお願いし、相手方である奥様と、三十分ほど裁判所の一室でお話させていただくことにしました。

お話ししたのは、離婚についてではなく、ほとんど世間話だったと思いますが、話しているうちに妻の表情が柔和になりました。

「私、この先生を信頼します」

妻はそう言って、慰謝料の支払いが終了すると同時に提出すると言っていた離婚届に判を押し、私に預けてくださったのでした。

自分が誠意と信頼をもって相手に接するとき、相手の心にも誠意と信頼が生まれます。

法をかざすのではなく、誠意と信頼にもとづいた交通整理をしようとするとき、物事は解決に向かって動き出します。法とはあくまでも、もつれた糸をほどき、お互いが幸せになるための道具であり、基準だからです。

昔、愛人をつくって家を出た外国人の夫が相談に来たことがありました。妻との間には二人の子どもがいて、妻も愛人も日本人でした。

「愛がなくなったら離婚すべきだと思います」

彼は私の目をまっすぐに見てそう言いました。

当時は離婚する夫婦がめずらしかった時代です。

「どんなことがあっても、我慢して離婚だけはしない」という夫婦が多かった日本で、彼の言葉はとても新鮮でした。

もちろん、法の視点で見れば彼がしたことは悪いことです。世間の目から見ても、ひどい夫と言われる立場かもしれませんが、「今の妻とはどうしてもやっていけない。でも、慰謝料は可能なかぎり用意するし、子どもたちには二つの文化を伝える義務があると思うから、親権を得て、責任を取っていきたい」という彼のまっすぐさと責任感を感じたのです。

妻も夫の提示した内容で合意し、その後、子どもたちは父と母のもとを行ったり来たりしながら両方からの愛情を得て育つことができるようになりました。

もしも、妻が正しさを主張し、夫を法で罰することを望んだならば、調停は長引き、裁判にまで発展し、子どもたちが成長する時期に片親が不在ということになっていたかもしれません。

私は、相手方である妻にも感謝と敬意を表し、事件は幕を引きました。


人間関係の問題を抱えているとき、人は、自分の正しさを主張して、相手に勝とうとしますが、相手を打ち負かしたところで、何になるでしょうか。一時の高揚感はあるかもしれませんが、相手を裁いたむなしさはずっと心の奥に残ります。

相手を打ち負かそうとするのではなく、心をほどいて、自分が幸せになるための選択をしてほしいと思います。


また、勝ち負けにこだわることで人生の再起のタイミングを失うこともめずらしくありません。

ある離婚事件で、「浮気をして出ていった夫がゆるせない」という妻がいました。夫のほうは新しい女性との結婚を望み「せいいっぱい八百万円の慰謝料を払うから離婚してほしい」と告げました。

離婚の調停の場合、財産分与はそれなりに予測できるとしても、慰謝料の相場は三百万円か、多くて五百万円。それ以上の提示がされることはほとんどありません。

ですからこのときも、もちろん依頼者には強く和解をすすめましたが、妻は夫への復讐(ふくしゅう)心から「一千万円の慰謝料をくれないなら離婚しない」と頑として譲らず、調停は不調に終わりました。

結果、夫の愛人だった若い独身女性は「もう待てない」と夫のもとを去り、別の独身男性と結婚したようです。そうすると、急いで離婚する必要もなくなった夫が「もう慰謝料は払わない」と言い出し、話し合いは頓挫してしまいました。

妻は夫に制裁を加えたかっただけで、いまさら夫とよりを戻すつもりなどありません。結局、慰謝料も取れないまま離婚もできず、宙ぶらりんのまま終わりました。

あのとき離婚していれば新しい人生を楽しく生きられたかもしれません。勝ち負けやプライド、またはお金にこだわってしまうことで、好機を逃すことは人生にとってマイナスです。

機を逃せば、人生の再起をしづらくすることも少なくありません。「相手を打ち負かしたい」「苦しめたい」ということだけに心をとらわれているかぎり、心の平安はずっと先伸ばしになってしまうのです。

相手を打ち負かした高揚感は、相手を裁いたむなしさに変わる

――それによって、あなたは幸せになれますか？

争いごとで「命の時間」を無駄にしない

「夫のモラハラに耐えられない」と思い詰めた表情で訴える人。結婚の約束を踏みにじった相手に「復讐してやりたい」と興奮ぎみに話す人。愛人のところへ走った夫を「殺してやりたい」と怒りが抑えられない人。交通事故で被害者になった人、加害者になった人。刑事被告人の家族たち。

それぞれ苦しみや悩みの内容は違いますが、その渦中にいる誰もが「自分が世界で一番不幸だ」と思い、泥沼のような悩みから逃れたいともがいています。

弁護士事務所はこのような、悩める人たちの「感情のはきだめ」のようでいて、心の病気の治療室のようだと感じることがあります。

生きているかぎり、どんな人でも大なり小なり悩みを抱えているものですが、争いごとは、人を疲れさせ、心を蝕むだけでなく、大切な命の時間を消耗します。長い時間、争いごとに身を投じてふと気づくと膨大な年月を重ねてしまっていて途方に暮れるということも少なくありません。そうでなくとも、疲弊した心を立て直すには時間が必要ですから、争いごとを長引かせるのは命の時間の無駄づかいでしかありません。

問題を解決するためのカギがあるとするならば、それは、和解を前提に話すことです。

特に、私の経験から言わせていただければ、離婚問題は長くても一年以内で解決すべきです。長引けば長引くほど、人生の再起は遅れ、再起するためのエネルギーも失われてしまいます。

また、裁判にしても、最高裁まで持ち込んで争ったとしても、結果は、最初に「このくらいの線で終結するだろう」と経験を積んだ弁護士が提示した内容以上のものにはならないことがほとんどです。

離婚以外の問題についても、いつまでも争いごとを抱えたままでは、淀(よど)んだ水がやがて腐ってしまうように心が疲れてしまいます。問題にも、解決の賞味期限のようなものがあるのです。

湧き上がる感情をいったん脇に置き、前を向くための手段として、和解を選ぶのです。和解はさせられると納得がいきませんが、積極的に行うことは、自分を前向きにします。その後の人生のとらえ方が変わってくるのです。

心のからまりをさらに引っ張り、断ち切るしか方法がなくなる状態ではなく、もつれた糸を、そっとほどく。そんな「和」の足場に立った解決への道は、最終的に幸せへとつながっているのです。

「和」を尊び、選ぼうとする人は、必ず、幸せへと導かれる

——大切な命の時間を消耗していませんか？

「話す」ことで問題とほどよい距離が生まれる

自分を捨てて新しい妻を迎え入れた夫に狂ったように嫉妬した女が鬼となり、別れた夫と相手の女を呪い殺そうとする。

これは、能の『鉄輪(かなわ)』という演目の話ですが、この鬼となった《橋姫(はしひめ)》の面(おもて)といったら、怨念や憤怒(ふんぬ)の感情がむき出しの、まさに鬼のような形相です。

私の法律事務所にも、いろいろな悩みを抱えた方が相談に来られますが、時折、この鬼の面を連想させるような怒りと嫉妬に満ちた顔を見ることがあります。

たとえば、夫に裏切られ、離婚を余儀なくされた女性の一番つらいときの表情は、まさにこの鬼の面の表情。その目は血走り、どうにかして相手を懲らしめたいという思いでいっぱいです。

こらえきれない思いや涙をたくさんため込んで、席に着いたとたんに、涙があふれて止まらなくなる様子に、どれほどつらい思いを抱えてこられたのだろうと胸の詰まる思いがします。信じていた夫に裏切られた怒りと苦しみを、涙しながら話されると私までせつなくなります。

抑えていた言葉が、一つ、また一つとこぼれ出し、そのこぼれた言葉を拾って、また言葉を絞り出す。そうするうちに、少しずつ自分を取り戻されるのでしょうか。最後には、柔和な顔に戻られ別人のようです。表情がすっきりし、光が差し込んだように、顔色が明るくなるのを感じます。

思わず「あら、あなた、色が白くて美人だったのね。そのお顔、ステキよ」と失礼なことを言ってしまうこともあります。

「話す」ことは「離す」ことです。

日本語には数多くの同音異義語がありますが、それらは密接につながっているように思います。心の中にため込んだ苦悩や怒りを言葉にして誰かに話すことは、心の治療のような効果があります。ただそれだけで苦しみから解放されていくようです。

誰にでも経験があるかと思いますが、悩みがあるとき、自分にとってそれが途方もなく大きく、抜け道一つないように思えるのに、誰かの相談に乗っているときには、いくつもの解決策が浮かんで、すぐに実行に移せば解決するような気がしてくるものです。

「離見の見（りけんのけん）」という言葉があります。

これは世阿弥が能楽論書『花鏡（かきょう）』で述べた言葉で、演じ手が自らの身体を離れて客観的な視点を持ち、あらゆる方向から自身の演技を見る意識を意味します。

私のところに来られる相談者は、離婚や相続の問題など、人生の大事件を抱えた方ばかりです。

その多くが、来られたときは「もうお先真っ暗だ」とつぶやかれますが、帰られるころには「ホッとしました。来てよかったです。これで解決できそうな気がします」と笑顔になられることが多いのです。

これは法や私の力というよりも、相談者自身が「離見の見」を得て、視野が広がったからなのだと思います。

人は、一人で問題に向き合って、考え込み、苦しんでいるときは、とても狭い視野の中にいますが、法の知識と第三者の目に触れるとき、自分の問題を客観的に見ることができます。そうすると、問題の見え方も変わり、解決策が見えてくるのです。

まさに、話すことは問題を自分から「離して」距離を置くことであり、「手放す」ことです。

一歩、距離を置くことができたなら、その問題に対する心の持ち方が変わってきます。心の持ち方が変われば、問題との向き合い方も変わり、現実も変わっていくのです。

私は相談にいらした方に「弁護士のところに来られた以上、必ず解決しますからね」とお伝えします。

それは、励ましというよりは、問題からほどよく距離を置けたなら、解決の糸口が必ず顔を出すということを、これまでの一万件以上の相談案件から知っているからです。

問題を見る姿勢が、解決までの道のりを決めている

——憂鬱な話は、口から出して「距離」を置いて

言えなかった「小さな声」を上げてみる

「話す」ことは、「離す」ことであり「放す」ことにつながる。

自分の内側にあるつらく苦しい思いも、話すことによって、一旦、自分から離れて行き場を得、解決の糸口が見つかる――そうお話ししましたが、問題解決とまではいかなくても、その一歩手前で、「なんだ、そうだったのか！」という思いがけない気づきにつながることもよくあります。

それはまだ、イクメン（育児に積極的な男性）やカジダン（家事をすすんでする男性）なんて言葉がなかったころの話です。旅行をして何が一番嬉しいかと聞くと、ほとんどの主婦が「食事の上げ膳据え膳」と「家事をしなくていい時間」

をあげていました。

「座っているだけで、目の前にお料理が運ばれてくるなんて最高ね。献立を考える必要もないし、料理の後片づけも必要ないのだから」

そう言いつつも、当時の女性たちの多くは、夕食時にはそそくさと帰り、クラス会などへの出席すら考えられないという人が多かったものです。

旅行も一苦労でした。その間の料理を作って冷蔵庫に入れたり、なかには着替えまですべて用意する人もいたりしました。

ある妻は、結婚三十年、趣味を持つこともなく、夜の外出は控え、ひたすら良妻であることを自身に課していました。ところがあるとき、友人から「結婚して三十年にもなるのに主婦の甲斐性がないんじゃない」と言われて、ハッとしました。それまで胸に押し込め、我慢していた思いがこみ上げてきたと言います。

「泊まりがけの旅行に行ってもいい？」

夫にたずねると、夫はたいそう驚いたそうです。それもそのはず。夫のほうはてっきり、妻は人嫌いの出不精で、旅行嫌いの女だと思っていたのですから。

「いいよ、もちろん行っておいで」

反対されるとばかり思っていた妻は、夫のニコニコした顔に驚きました。

その後、妻は、友人に誘われてカラオケ教室に入ったりと、明るく快活になり、結婚する前の社交性を取り戻しました。夫は夫で、そんな妻を楽しそうに眺めながら、一人自由に過ごす時間や趣味を謳歌しています。


今でこそ、夫も家事に参加するようになりましたが、共働きでも育児中でも、すべてを抱え込み、夫の面倒まで見ようとする女性は少なくありません。

その根っこにあるのは「女性の務め」だという概念であったり、「そうしないと愛されない」という思いであったりするようですが、もしも「やらされ感」や「本当は別のことがしたい」「やりたくない」という思いがあるなら、言ってみる、話してみるということは、思いがけない展開につながるかもしれません。

話をしてみれば、「なぁんだ、そうだったのか」「そんなことか」ということはよくあるものです。

マイナスな思いをため込んで、いいことなんて一つもありません。


家事について言えば、最近、男性は本来、女性のために動くのが好きなのだという話を聞きました。

思いきって夫に任せて、出来の悪い部分には目をつむり、してくれたことに心から感謝すること。そうやって、妻が楽しそうにしていると、夫のほうは「俺がそうさせている」と自己重要感が満たされていくのだそうです。

私の夫は戦争経験があり、戦後も軍隊の厳しさを持ったままの男でしたから、正直言ってそう聞いてもあまりピンときません。世代によってもかなり意見は分かれると思いますが、以前こんなことがありました。

夫が「俺は三角おにぎりなら作れる」と言って、めずらしく台所に立ったときのこと。ぎゅっとにぎりすぎてかたくなったおにぎりに、思わず「まぁ、かたいわ」と言ってしまいました。そうです、それ以降、夫は二度と台所に立つことはありませんでした。あのとき、娘や息子も一緒に、あのおにぎりを褒めていたら、夫も少しはカジダンになったのではと残念に思います。

もしあなたが、今一人で家事をしていたり、育児や介護に追われたりして、すべてを背負って苦しい思いをしているのだとしたら、それは「声を上げてみなさい」というサインかもしれません。

最初の一歩は、「それ取ってくださる？」「明日はちょっとむずかしいわ」など、言い出しやすい範囲の簡単なことからでもいいと思います。毎日の小さなことから、「あ、言っても大丈夫だったんだ」という安心感を一つずつ実感していくことです。

勇気を出して伝えてみれば、今まで知らなかった世界が広がることがある

——思いにフタをしてはいけません

2章
距離があるからやさしくなれる

正しいことを言うときは、ほんの少しひかえめに

詩人の吉野弘さんの『祝婚歌（しゅくこんか）』をご存じでしょうか。
夫婦円満の秘訣（ひけつ）が詰まった詩なのですが、生きる指針のようにも思えて、私がとても大切にしている詩です。なかでも、一番好きな節があります。

「正しいことを言うときは
少しひかえめにするほうがいい
正しいことを言うときは
相手を傷つけやすいものだと気付いているほうがいい」

法律相談にいらっしゃる方の中には、弁護士に聞けば法律に基づいた《正しいこと》《正しくないこと》が明らかになり、勝ち負けの判断をしてもらえると思

っている方もいらっしゃいますが、人間関係のもつれにおいて、正しさの追求は、解決を生みません。

なぜなら、人の心において、正しさは人の数だけ存在し、真実も、その正しさの定規によって、人それぞれ違って見えるからです。

たとえば、独身時代に貯(た)めたお金の存在を妻に隠していた夫がいました。法律で言うなら、独身時代の財産は個人のものですから何ら問題はありません。でも、「隠し事をされていたことがゆるせません。信頼されていない気がして」と言う妻からすると、夫は正しくないことをしたということになります。

また、明らかに自分が正しくて、相手が間違っているということがあったとしても、相手を責め、糾弾しても、何の解決にもならないのです。

ものごとのとらえ方は千差万別。

夫婦であろうと、親子であろうと、それを心に留めておくと、人間関係が少しやわらかくなる気がします。

正しさを追求していると解決から離れていくことがある

――「正しさ」こそ、人を傷つけやすいから

お互いの「台所の奥」へは入らない

夫婦であっても、友人関係であっても、尊重しなければならない境界線というものがあると思います。

その境界線を越えて、相手の領域に踏み込めば、多くの場合、もめごとが起き、関係がうまくいかなくなります。

私はそんなとき、「お互い台所の奥には入らないことよ」と諭すことがあります。

生活の裏側とも言える、水回り、特に台所の使い方には性格が出ますし、それぞれの育った家の文化が色濃く表れます。

たとえば、鍋底を洗わない嫁に腹をたてる姑と、鍋底は洗わなくてもいいと思っている嫁。この場合、「ピカピカに磨いたほうが清潔で気持ちがいい」という姑と「鍋底なんて洗わなくても別に」という嫁との間で不協和音が響きはじめます。

互いに自分のやり方が正しいと信じていて、相手のやり方が気に入らないとなると、相手に自分の正しさを主張し、どうにかして思ったとおりにさせたいと思いはじめるのですが、これほど不毛な争いはありません。

正しさや常識は、世代や育った環境によって変わりますし、正解はありません。ただ、その人にとって正しいと思っていること、つまり、それぞれの価値観がそこにあるだけ。正しさを主張し、相手の考えと行動を改めさせようとすると、当然いさかいが起こります。

このとき、「ああ、この人は、鍋底を洗う（洗わない）人なんだな」と理解するだけで、状況は一変します。

「この人はそういう人なのだから、鍋底は私が洗うときだけ洗えばいいや」「自分が洗わない鍋底を洗ってくれるのだから、素直に感謝していよう」。相手は相手、自分は自分――この距離感が問題をとらえる視点を変えてくれるのです。

すると、不思議なことが起こります。

それまで人生の重大事のように感じていたことが、「あれ？　何で鍋底にそんなにこだわっていたんだっけ？」と、問題がとても小さかったことに気づくのです。「じゃあ、私も鍋底を洗い流すくらいしようかしら」と、歩み寄る気持ちまで生まれてくるかもしれません。

人は、自分の考え方や価値観が頭から否定される場で、柔和な考え方はできません。だからこそ、ほどよい距離が大切なのです。昔は「台所に女は二人いらない」と言ったものですが、その所以（ゆえん）がわかる気がします。

どんなに親しくても、ほどよい距離が必要。その距離が、関係をやさしくする

――相手の価値観に土足で入っていませんか？

子は子の人生を、親は親の人生を生きる

モンスターペアレンツ、パラサイトシングルという言葉が一時流行していましたが、いまや、自己中心的かつ理不尽な要求を押し通そうとする親、親がいなければ何も一人で決められない子、という親子関係は、増える一方のように感じます。

戦前の母親の多くは次から次へと子どもを産み、育てていたこともあって、一人の子どもにかかりきりで面倒を見ることができませんでした。子どもたちは肉体的に大人になるのと同時に精神的にも大人になり、親離れ、子離れをしていきました。

戦後は、二、三人の子どもを掌中の玉のように育て、少子高齢化時代の今は、

一人の子どもをかかりっきりで育てるようになり、親に頼りきった子ども、子離れできない親が増えているように思います。

離婚相談にも親が出てきて、子どもの人生を決めようとする場面に出会うことも増えました。もちろん、離婚など、人生の一大事に肉親が力になって、一緒に乗り切ろうとしてくれることはありがたいことですが、あたかも、小学生のように子どもをかばい、守っている様子です。

ある離婚相談のときのことです。

「私は、娘を完璧に育ててきたのです。だから、娘が悪いなんてありえません」と主張し、娘に「あなたは私の言うとおりにしておけばいいの」と母親は言い放ちました。私は言葉を失いましたが、母親が話し終えてから、思いきって娘さんにこう言いました。

「あなた自身も離婚になった原因をよくよく考えてみてはどうかしら。性に合わない人だったら、どんなにお母さんから言われたことを完璧にやっても、ダメだと思うの」

娘さんは、ハッとしたような顔をして「考えてみます」と言って帰られ、内心ホッとしました。

親にとって、子どもは、いつまでも子ども。私も、娘と息子がいますから、その気持ちはよくわかります。しかし、社会的には二十歳を過ぎた子どもは、大人です。社会において自分の責任は自分で取らなくてはなりません。

もちろん、病弱な場合など、子が親に援助してもらう場合や、子が親の老後の面倒を見るなど、助け合い、思いやって生きていくことは大切です。

しかし、子どもの人生は子どものものであり、夫婦間のことには、親子であってもそこには境界線があると思います。

親子であれ、夫婦であれ、互いを一人の大人として扱うこと。それは今の時代に不可欠な家族のルールのように思えるのです。

わが子であっても、子の人生は子どものもの

――親も子も、互いを、一人の人間として見る

誰かのために流す涙が人の心を育てていく

子どもが小さいときは、かわいいものです。その子がいるというだけで幸せな気持ちになります。思い出も楽しいものばかりです。

しかし、その子が大きくなったとき、必ずしも親の期待どおりになるとはかぎりません。

不登校の娘、家庭内暴力の息子、十代で妊娠出産した娘、高校、大学、結婚と順調だった娘の離婚、就職に失敗してノイローゼになった息子など、彼らの親の苦労はどれほど深く大きいものか。

「息子は中学まではクラスで一、二番でした。やさしい子でしたが、高校受験に失敗してから性格が変わってしまい、悪い仲間と遊ぶようになりました。

主人が一度きつく叱りましたら、家出してそれっきり帰ってきません。友だちの話では、暴力団に入っているらしいのです」

「娘は完璧に育てたつもりです。なのに離婚だなんて。私の子育てがどこかで間違っていたのですね」

「こんなことになるのなら、いっそ子どもなんていないほうがよかった。子どものない人がうらやましいです」

それぞれに悩む親の苦悩を聞いていると、子どもへの深い愛情に比例して、後悔や自責の念が伝わってきます。

私はといいますと、司法試験に挑戦していた二十代後半から三十代はとても忙しい日々でした。周囲の人たちの手助けもあって、なんとかやってきましたが、百点満点の親だったかというともちろんそうではありません。もっと、かまってやればよかった、という悔いはたくさんあります。

でも、過去は取り返せません。当時の若かった自分にとっては、それがせいいっぱいの育児だったと思うのです。

子どもたちはすでに大きくなっていた、ある日のこと。押し入れを整理していたら、子どもらが小さいころに使っていた椅子が出てきました。

ピンクとブルーの二脚の木製の椅子は、色あせて、金具も錆びています。

「もう使わないから、捨てちゃおうか」

「いいだろ」

夫と私は、椅子を一脚ずつ手に持って、ゴミ捨て場に持っていき、壊れた家具の上にそっと置きました。

その帰り道、私はもう後悔しはじめていました。

当時は上質だった小さな椅子に、チョコンと座って食事をしていた子どもたち。もうすっかり大きくなりましたが、幼かったころのかわいらしい顔と、当時の思い出がその椅子には残っていました。

なくなっていたらどうしよう、と思いながら、私は暗い道を一人でゴミ捨て場に走りました。椅子は、私を待っているかのように、二脚並んでこちらを見ていました。

まだまだ未熟で、目の前の仕事と育児に必死に向き合ってきた私。十分にかまってやれませんでしたが、笑顔と成長を見せてくれた幼かった子どもたち。二脚の木製の椅子は、その思い出を刻んだものでした。

子どもの小さかったころの写真や思い出の品を見ながらそのときのことを思い出すと、「あの時代をたしかに共に生きたのだ」という気持ちになり、少し心が落ち着くものです。

「子どもは成長する過程で、百粒を超える喜びと幸せを親に与えてくれるが、子どものことで傷ついた親は、百粒の涙を流す」と言います。子どものことで苦労した親は、人として成長し、人にやさしくなります。

そう考えると、親としての自分を育ててくれるのは、自分の親でも先生でもなく、子ども自身なのです。

子が親の期待どおりに育ってくれるなど、そうそうありません。子に過度の期待をしたくなるときほど、自分は子をたしなめる資格があるのか、自問します。

子は親の背中を見て育つと言いますが、まさにそのとおりです。

子は親の「言うこと」は聞きませんが、「親がしてきたこと」はそのまま真似るものなのです。

「期待どおりにならない」のが子育て。でも、子どものために流した涙が親も子も育ててくれる

――子は言うことは聞かないが、親の姿を見て学ぶ

うわさ話が花咲く井戸端に根っこを張らない

昔は、友人や親戚などが集まると伝言ゲームをして遊んだものです。この伝言ゲームと同じことは、実社会でもたびたび起こります。

「聞いた？　Kさんのところ、とうとう離婚されたんだって！」と言う友人に「誰から聞いたの？」とたずねると「Aさんから」だと言う。「じゃあ、Aさんは誰から聞いたのかしら？」とたずねると「たぶん、Bさんじゃないかしら」と曖昧(あいまい)な返事です。

実はそのK夫人と私は仲がよく、円満なご夫婦のことを私はよく知っていました。一週間前に会ったばかりで、離婚などしていないことも知っていました。彼女はとても美人で、仕事もできる女性で、出張が多かったのです。

想像するに、ある人が「よく出歩く奥様を持って、夫は気の毒だ」などと言ったのが、人づてに伝わるうちに「俺なら離婚する」「離婚したらしい」になったのだと思います。

似たような話で「Cさんのところのおばあちゃんが亡くなった」と聞いて、あわてて数珠と香典を持ってお悔やみに伺うと、本人が出てきたのでびっくりしたということがありました。死んだのはおばあちゃんがかわいがっていた猫だったというわけです。人の伝言ほど、正しく伝わらないものはありません。

そのようなことがあるからこそ、刑事裁判では、証人自身の言葉に基づかない、他人から聞いた内容を述べた証言は「伝聞証拠」と言って、原則として信用しがたいものだとして扱われています。

日々の生活の中でも、言った言わない、というズレはよく起こります。言い間違いや聞き間違いだけでなく、伝達する人に悪意があれば、本人も知らないうちに事実無根の悪人にされてしまうこともあります。

ですから、他の人から伝え聞く話は、聞き流すくらいでちょうどいいのです。

そもそも、人のうわさ話ではなく、その人が、「その人自身について何を話すのか」ということこそ、振り返ってみてほしいものです。

私は、子どもたちを預けた赤坂幼稚園の母親たちと、卒園後五十年近くたった今も、年二回くらい交流が続いているのですが、その集まりをはじめたころに、お母さん方に提案したことがありました。

「これからこの場では、子どもの話ではなく、お母さんご自身の話をいたしましょう」と。子どもや夫の自慢、他の人がどうしたこうした、ではなく、自分自身の話をする、という約束ごとをつくったのです。

人のうわさ話に花を咲かせたくなったなら、あなた自身は今何をし、何を感じているのか。そこに意識を向けるようにする。

ともに喜び合い、ときに慰め合える居場所は、人のうわさ話が花咲く場所とは違った場所にあるような気がします。

あなた自身のことを受け止めてくれる場所があなたの居場所

――自分のことを話せる居場所がありますか？

「手伝い」の名のもとに、誰かの役割を奪わない

「孫の面倒を見ているときの祖父母はいきいきしていて元気」と言われることがありますが、私の周りにはこういう女性が多く、実際に、孫との関わりを楽しんでいる話を聞いて私も嬉(うれ)しくなります。

しかし、なかにはこの孫の世話に苦しんでいる祖父母世代もいるようです。子ども世代の晩婚化が進み、孫を持つ多くが、六十代七十代。都心では保育園難民も増え、働き盛りの娘は、あたりまえのように父母の力を借りようとするものの、体力のあり余る孫の世話を焼くには体がもたないという状況。また、自分の子どもを見ていたときよりも、孫の面倒を見る責任は重く感じられます。

年金生活で余裕がないにもかかわらず、預けている間の食事や外出時の出費は

すべて親まかせということも少なくないようです。

なかには「自分の時間がまったく持てない」と嘆く祖父母もいますが、それでも頑張ってしまうのは、ひとえに孫がかわいいから。そして娘や息子から必要とされているからではないでしょうか。

孫の世話を存分に楽しんでいる人たちに共通しているのは、そこに、我慢や無理がないことです。人にはそれぞれ許容量がありますから、もしも、体力的に限界を感じていたり、他にも趣味でやりたいことがあったりして孫の面倒を見ることを楽しめなくなっているのだとしたら、その解決法はただ一つ。

その思いを素直に娘に伝えてみることです。

相手が実の娘であっても、最初の一歩はむずかしいかもしれませんが、少しでも自分の思いを口に出してみてください。ただ「もう少し子守の時間を減らしてくれないかしら」と言うと角が立つというなら「年だから、最近疲れるのよね」と、近況を伝えてみる。

または、月に一度、週末の一日だけ習いごとをはじめて「月の一日だけは面倒見れないわ」と伝えてみると、人生に趣味が加わり、少しでも息抜きができます。「そんなことをしたら、娘をがっかりさせてしまうかも」と思われるかもしれませんが、それは、やってみなければわからないこと。娘さんは「うちの母は、孫の面倒を見るのが生きがいなんだ。孫が小さいうちはできるかぎり会わせてあげるようにしよう」と思っていることもよくあるのです。

手助けは、親子であろうと他人であろうと、自分が楽しめる範囲、つまり余力の範疇で、行うことです。経済的な援助も同じことが言えます。子どもが困っているからといって、自分の年金を削ってまで援助していては、親の生活と気持ちは苦しくなる一方、子どもは自立と試行錯誤のすべを失います。

「私がなんとかしなくては」という思いは、ときに依存を生みます。大人の責任とは、自分で自分のことが最低限にできること。できないことは互いに助け合うことも大切ですが、相手の役割や責任まで奪わないことも大切です。

求められて嬉しい。でも、そこに我慢や無理をしのばせていてはなりません

――誰よりもまず「自分」を大切にすると決める

ささやかな我慢をやめてみる

司法試験に合格した私はほどなく、一九五五年七月二十日に夫と結婚しました。後に大学の教授として教鞭（きょうべん）を執った夫ですが、当時は大学の研究生で貧乏だったので、結婚指輪が結納金の代わりでした。

能楽の会や稽古のとき以外、ほとんど外すことがなかったのですが、結婚四十四年目にしてその指輪を失くしたのです。いつもあったものが失くなると、体の一部が欠けてしまったかのようで、未練がましく左手の薬指をさすっていると、夫が「また買ってやるよ」と言ってくれました。私はたちまち元気になりました。

一九九九年に夫が喜寿を迎え、大学の教え子らがそのお祝いをしてくれることになりました。私は「二度目の結婚指輪の授与式をその中でしてもらいたい」と世話役にお願いをしたのです。

当日、夫はシルバーグレーの背広、私は薄地のロングドレスを着て出かけました。三十名を超える、なつかしい教え子たちが全国各地から集まってきてくれていました。現役の学生だったころ、しょっちゅうわが家を訪れ、よく飲み、よく食べた子たちでした。こうして集まると、不思議と皆すぐに学生時代の顔になります。夫も若返って見えました。

宴の半ば、結婚指輪の授与式を行いました。教え子の中に牧師になった子がいたために、夫はここで妻への永遠の愛を誓わされる羽目になりました。私が接吻の真似をしたら、真面目な夫はおおいに照れて、会場は爆笑の渦に包まれました。皆久しぶりに青春時代に戻ったかのようでした。

離婚の相談に訪れる女性から、夫の仕事の人間関係につきあわされるのが苦痛だと聞くことがあります。一緒に暮らす者同士、互いの人間関係や喜びを自分も共有する努力は必要です。毛嫌いせずに、一緒に楽しんでみると、また違う世界が見えてきて、夫のよい面も見えてきます。

とはいえ、その努力をするのが嫌なのであれば、また、努力する甲斐のない相手だと思うのであれば、早く離婚したほうがいいと思うこともあります。

なぜなら、多くの熟年離婚を見てきて、我慢の先に、幸せはないと痛感するからです。

夫や妻、子どもたちの体験をわがことのように一緒に楽しみ、相手が感じている喜びや感動、苦労や悔しさを共有できるなら、まさに「喜びは二倍、悲しみは半分」になることでしょう。

でも、もしそれがどうしてもできないというなら、別離の道を選び、新しくスタートすることを臆することはありません。

あなたはあなた。私は私。互いの人生を尊重して距離を置く。何よりも、自分の人生を自分でかじ取りすることを、強く意識してほしいのです。

我慢の向こうにあるのは次の我慢

――自分が我慢しさえすればいい、なんて思っていませんか？

相手のよさは「ある」かどうかではなく「見る」かどうか

私がおよそ一万件の離婚相談を通じて実感していることは、多くの場合、「結婚する理由と離婚する理由は同じ」ということです。

どういうことかというと、たとえば「引っ張っていってくれて、決断力がある男」と結婚してみると「強引で、頑固で、私に何の権限もない」といって悔やんだり、または「私の行きたいところに連れていってくれて、ロマンティックなプレゼントをしてくれる男」と結婚してみると「お金にルーズで、浮気グセが発覚」という具合です。

相談者の多くは「結婚したらあの人は変わってしまって」と言いますが、それは、突然変わってしまったのではなく、もともとそういう性格だったのに、最初はそれを魅力としてとらえていたのだということです。

長所も短所も、その人らしさを生み出す特徴です。

出会ったころや、相手にくびったけのとき、特徴は長所としてとらえられます。ところが、結婚して生活を共にしてみると、それが短所に見えてくるもののようです。

だからこそ、夫婦仲がうまくいかないと思い悩むときは、〝消去法〟でもいいので、夫のいいところ探しをしてみることが大切です。

私は、離婚の相談に来られた女性にこうたずねてみることがあります。

「次の九項目で、あなたの夫に当てはまるのはどれ？」

1　働かない
2　生活費を入れない
3　暴力を振るう

4　暴言を吐く
5　大酒飲み
6　浮気をしている
7　借金がある
8　子育てに協力しない
9　家事を手伝わない

これらは、私がこれまで見てきた離婚の原因の中で、妻側からよく聞かされる九項目です。なかには一項目でも離婚を考えたほうがよいこともありますが、この質問をすることで「三項目は当てはまるけど、あとは当てはまらない」というように、夫のよいところに気づく相談者も多いのです。

今も昔も、女性からもっとも嫌われる男の代表は、酔っ払いと暴力。男性中心の社会だったころは、「それくらい辛抱するべき」「口数の多い女が悪い」と言われることも多くありました。

今はそういう時代ではありませんから、我慢せずに離婚するのは悪いことではありません。それでも、さっさと縁を切る前に、一度は客観的な視点を持って、相手のよいところに目を向けてみると、防げる離婚もあります。


以前、夫の暴力に耐えきれずに何度も実家に帰っていた妻が、殴られて腫れ上がった顔で離婚の相談にいらしたことがあります。「協議できなければ、調停を申し立てるほかない」と伝えると、「考えます」と言って帰っていかれたのですが、このとき、彼女に対して前出の九項目の質問をしていたのです。

二年くらいたったころでしょうか。今度は夫婦で訪れた二人は、幸せそうに微笑み合っていました。

「主人がお酒をやめたら、すっかりいい人になりまして」

そう語る妻の傍らにはニコニコする夫がいました。

「あのとき、先生が九項目の質問を示されたのです。私が、3、4、5にマルをつけたら、先生が『あと六つはいいところがあるのね』と言われて。そのときは反発していました」と言いながら、少し照れくさそうな妻。

「自分の苦しみを誰もわかってくれないと思ったんでしょう?」と私がニコッとすると、妻もパッと笑顔になりました。

「そうです。自分が世界で一番不幸だと思っていましたから」

その笑顔のなんと晴れやかで美しいこと。

一方夫のほうは、妻が弁護士のところにまで相談に行ったことを知り、本気で離婚を考えていることにあぜんとし、猛省したといいます。断酒を己に誓い、自己改革をやり遂げたとき、夫婦に穏やかな日常が戻りました。

今まで悪いところしか見えずに狭まっていた視野が広がると、笑顔で帰られるということも少なくありません。

これは、離婚問題にかぎらず、人生で起きるすべてのことに言えることなのです。

一点を見つめる人に
すぐ横に咲く花は見えていない

――いつのまにか「欠点メガネ」で見ていませんか？

本当の思いはすでに、行動ににじみ出ている

夫婦が逆境に陥ったとき、もっとも必要なのは相手の助力です。

愛はとうに消え去り、金銭だけでつながっていた夫婦なら、壁にぶつかった瞬間に、家庭はたちまちバラバラになってしまいます。

精肉店で働いていたある男性の場合。妻は絶えず不安定で薄給の夫にほとほと愛想をつかして出ていきました。彼は、当時としてはせいいっぱいの慰謝料を払い、正式に離婚しました。その後、今の妻と再婚したのですが、勤めていた店が倒産し、二度も職を替わります。新しい妻は、努力家で仕事熱心な夫の苦労が必ず報われると信じて、ひとことも愚痴をこぼすことがありませんでした。

妻のその姿は何よりもの応援歌となって、やがて彼は安定した職につき、愛す

る妻と子どもに囲まれて幸せな家庭を育んでいきました。

「前の妻には僕と苦楽を共にしようという気持ちはありませんでした。現在の妻は、苦しいときも、楽になってからも、変わらず僕を愛し、信じ、心を砕いてくれます。余計な口や手を出さずに仕事ができる環境を整えてくれるので、生活のリズムが狂うことなく働くことができたのです」

この夫婦が互いに寄せた無条件の信頼心こそ、夫の意欲を最大限にアップさせ、いい方向へと導いた最大の要因だったのです。

信じるということに、条件があってはいけません。

信じていないのに「信じているわ」という言葉で相手を変えようとする人もいます。夫や妻がやろうとしていることに「そんなんじゃうまくいかないわ。信じているんだから頑張って」と口を出すのは、本当は信じていないということ。上辺だけの「信じている」は、相手には伝わってしまうのです。

夫婦や家族の人間関係を多く見ていると、信じるということは、今生きているこのときに、自分のことや、そばにいる人のことをまっすぐに信じ、大切に扱うことなのではないか、そう感じます。

また、人のことが信じられないという人、親や配偶者の愛が信じられないという人は、相手の行動に目をやってみてください。

私が帝国女子専門学校に入って二年目の一九四五年（昭和二十年）四月十九日、東京山手の大空襲で小石川の学校の校舎も寮も爆失したため、私は朝鮮や満州から上京してきていた友人と共に朝鮮でパスポートを取って、十日かかって上海（シャンハイ）駅にたどりつきました。そこには、迎えに来ていた父の姿がありました。

「ただいま」と言うと、父は「ウム」と言ってくるりと後ろを向き、さっさと歩きはじめました。無事な娘を見て嬉しかったに違いありません。父は、無口で厳しい人でしたが、背中が弾んでいました。私は小走りに父の後をついていきながら、東京の空襲以来張りつめていた緊張が解けていくのを感じました。

人の本当の心は、行動に表れるものなのです。

逆境を越える力になるのは大切に扱い、支えるという、能動的な「信じる心」

――だから、口先だけの言葉は届かない

感情的な言葉の応酬はいつか最後の引き金を引く

言葉は、誰かを励まし勇気づけることがあると同時に、心のもつれをほどくことなく、断ち切ってしまう「言葉の刃(やいば)」となってしまうことがあります。特に夫婦間での言葉は、《言刃(ことば)》になり、それが直接的な離婚の引き金になるケースが後を絶ちません。

「出ていけ！　おまえの顔など見たくもない」

「もう離婚だ！」

幾度となく言われるうちに、妻は本当に家を出ることを考えるようになります。

相談に来た妻の代わりに、私が夫のほうに手紙を渡すと、反応は人さまざまです。

「本気ではなかった。関係を修復したいから帰ってきてほしい」と懇願する夫がいるかと思えば、「子どもの親権も財産もやらない。それでもいいなら離婚してやる」と相変わらず上から目線の夫もいます。どちらも「出ていけ」と言って、本当に妻が出ていくなどとは思わなかった様子です。

一方、親子の場合も同じこと。

「こんな子に育てた覚えはない」

「おまえなんて、産まなければよかった」

それが、たとえどんな状況であろうと、この刃は、子どもの心を無惨に切り裂きます。家庭内暴力を誘発したり、親子絶縁の危機を招くことにもつながるでしょう。

売り言葉に買い言葉と言いますが、感情的になって相手が発した言葉をそのまま受け止めて、こちらも感情的に返すことを続けていると、たいていの関係はそのうち壊れます。なぜなら、こうして投げつけられた言葉の刃は、相手を有無を言わせずに痛めつける凶器に他ならないからです。

その裏には「わかってほしい」「自分を大切にしてほしい」という思いが隠れていることもあるでしょう。しかし、《言刃》は、からまった二本の糸をぶった切ってしまう「刃」です。切られてしまった糸は、結び直さないかぎり、元には戻りません。

「剣(つるぎ)を取る者は皆、剣で滅びる」(「マタイによる福音書」二十六章五十二節)

これはイエス・キリストの言葉です。

誰かを試そうと、あるいは、あやつろうと投げつける言葉の剣は、相手も自分も傷つける、諸刃(もろは)の剣であることを忘れてはなりません。

投げかけた「刃」は真意にかまわず相手を切り裂く

——自分が言われたくないことは、相手にも言わない

人は一番の本音を言わずに、二番目を言いたくなる生き物

女友だちとお茶をしていたら、夫の浮気を相談され、悩む友人におおいに同情して一緒になってその夫をけなしていると、いつの間にか「あなたにウチのことなどわかるはずがない」と、文句を言われる。逆に「あなたも少しご主人のことを考えてみたら」と言おうものなら、ものすごい形相で夫がいかに悪いのかを証明しようとする。こういった経験は、誰にでもあるのではないでしょうか。

この場合、妻の本音は「夫を心から愛している。浮気をやめてほしい」ということであって、離婚相談ではありません。

長年、離婚事件に携わっていると、表からはわからない男女の仲に出くわすことがたびたびあります。

夫は、ハンサムでいい男。次から次へと女性をつくっては捨て、捨ててはつくって数人目。妻はついに夫に堪忍袋の緒が切れ「離婚してほしい」と言い出しました。夫はというと、請求した慰謝料の金額を見て目玉が飛び出たからか、「絶対離婚はしない」と言うばかり。調停はまとまらずに、裁判となり、そろそろ判決が出ようかというころに、突然夫が妻の実家へ迎えにやってきて、妻は夫のもとへと帰ったというのです。

そう、妻はまだ夫を愛していて、心の奥ではとっくに夫のことをゆるし、離婚を踏みとどまっていたのです。骨折り損のくたびれもうけだったかどうかは別として、まだ若かった私は、後処理を行いながら、内心祝福したのを覚えています。

人は、一番の本音を言わず、二番目を言う。そんなふうに思うことがあります。一番の望み、一番の思いを口に出すと、それがもし否定され、受け入れられなかったときのことを考えると怖くて仕方がないからかもしれません。

だから、思ってはいるけれども一番ではない、ということから小出しにしたり、他の要望を伝えることで一番の望みを叶えようとしたりします。

だから「愛しているから戻ってきて」と言えない夫や妻の要望が、「一千万円払うなら離婚してあげる」「親権は絶対に渡さないぞ」になるのでしょう。

愛している、戻ってきて。そう言えない女性の姿に、人の心の機微に触れる思いがします。人間っていじらしいなぁと感じるわけですが、本音を言わずにいれば、相手は相手の視点でしか物事を見ることができません。

最後の最後に「本当はこう思っていた」と伝えたときには、相当な遠回りをしたことに気づくこともあるでしょう。

やっぱり、思っていることを内に閉じ込めてしまうことに、いいことなんて一つもないのです。

本音を伝えることが、問題解決の第一歩

――いい年した大人が、誰に遠慮をしているの？

絆を生むのは「血縁」ではなく「心」と知っておく

私が法律家であり、夫は英語ができたため、夫婦で国際養子縁組の手続きに携わっていた時期がありました。この手続きに携わったことは、私にとって命の重みや人との絆（きずな）について考えさせられる経験となりました。

養子縁組の依頼者の多くは、子どものできない日系のアメリカ人で、子どもの実母は、十代の少女であったり、レイプされたりして望まない妊娠をし、中絶の時期を逃した女性たちでした。

早くから養子の文化が根づいた米国の養親たちは、生まれた子どもを自分の子どもとしてあたたかく迎えてくれました。

その深い愛情に触れた、あるできごとがあります。

今からもう三十年も前のこと、ある日、一人の養親から連絡がありました。「子どもが一歳半になったが、まだ歩かない。生まれたときの状況を医師に確認してくわしく知らせてほしい」という内容でした。

養子縁組から一年以上が過ぎていましたが、もともと障害のある子どもの場合は養子縁組を解消されることもあるかもしれないと思いました。日本人同士の養子縁組の場合、自分の思うように養子が育ってくれず、離縁を求めて裁判を起こすというケースもあるからです。

米国の法律では、養子縁組後の離縁は認められていません。このケースの場合は希望されればなんとかしなくてはと思い、その心づもりがあることを、医師からの話をまとめた書類に書き添えて送りました。

再び養親から届いた手紙は予想外の内容でした。

そこには「この子は私たちの子どもです。日本に返す気持ちなどありません。主治医に出生時の状況を聞き、治療の参考にしたかったのです。とても役に立ちました。ありがとうございます」と書かれていました。

私は血のつながりを超えた人と人との絆に心を打たれたのを覚えています。その他の養親も、愛情あふれる人ばかりでした。

時折「なぜわざわざアメリカに養子に出すのか」という声も耳にしました。日本では、見ず知らずの子どもを引き取って育てる人がどれだけいるでしょうか。

一方で、自らの子を「赤ちゃんポスト」に託す母親たちは増加の一途をたどっています。

国際養子縁組は多くの日本の女性を救い、自立することを助けてくれましたが、その陰には、泣く泣く子どもを手放した母親たちがいます。

「あなたには育てられないわ」

「この子の将来のためよ」

そう周囲に説得されて、泣く泣く養子縁組を承諾し、子どもが海を渡った後も、実母たちは自分を責め、苦しんでいました。

その姿を見ると、私も心が痛むことがありました。でも、縁組が成立して、子どもとの縁を心待ちにしていたやさしい養母に抱かれるわが子を見て「ああ、この子は幸せになれる」「この子を心から待っていてくれた人がいる」と涙ぐむ姿に触れるとき「この仕事をやり続けてよかった」と、夫とともに語り合ったものです。

振り返ると、携わった国際養子縁組は五十件以上になります。

養親たちからクリスマスに届くカードには、子どもたちの幸せそうな笑顔が写っていて、人と人との絆を生むのは血のつながりだけではないということを教えてくれました。

血のつながりよりも濃い心の結びつきが、人を救うことがある

――人は「血」ではなく「心」でつながっている

誰かに投げかけたものは同じ顔をして返ってくる

昔、何気なくテレビのアニメーションを見ていたとき、私が惹きつけられたのが『くつやのマルチン』という物語でした。原作はトルストイの童話です。

マルチンは老いた靴屋で、一人ぼっちで寂しく暮らしていました。最愛の妻に先立たれて、息子と二人で暮らしていましたが、やがて息子も病気のために死んでしまいます。マルチンは生きる望みを失い、友だちが祭りに誘っても行く気にさえならず、引きこもっていたのです。

ある日、訪ねてきた牧師から「古い聖書を綴じ直してほしい」と頼まれます。その夜、聖書を読みながら眠ってしまったマルチンに、神からのお告げがあったのです。「明日おまえを訪ねるからね」と。

翌日、マルチンは朝早く目を覚ましました。いつもと気分は違っています。神様を出迎えるために一生懸命部屋を掃除していると、外に雪かきの掃除人を見かけて温かい紅茶をご馳走しました。掃除人はとても嬉しそうでした。

しばらくすると、赤ちゃんを抱いた婦人が真冬の寒さの中、コートも着ないで歩いていました。マルチンは家に婦人を招き入れ、暖炉で温まってもらい、パンとシチューを食べさせ、自分の肩掛けをあげたのです。

すっかり薄暗くなったころ、マルチンの店の前をりんご売りのおばあさんが通りかかり、カゴを肩から下ろして座り込みました。そこへ、貧しい少年がやってきてりんごを奪って逃げたのです。マルチンは、大急ぎで少年をつかまえておばあさんには子どもをゆるしてくれるように頼み、子どもにはりんごを一つ買って手渡しました。

結局、神は現れませんでしたが、自分が世界で一番憐(あわ)れだと思っていたマルチンは、もっとかわいそうな人がいることに気づきます。そして、自分のような者でも、人にやさしくしてあげられることがわかり、何だか心の中がとても温かくなっていくのでした。

その日の夜、マルチンが椅子に座って聖書を開くと、神が現れて、「今日おまえが出会った者たちはすべて私だよ」と語るのです。

実は、この『くつやのマルチン』の原題は『愛のあるところに、神もある』というものです。私たちが愛のある行動をとるとき、そこに神がおられるのだということを伝えています。すべてのものを神を扱うように大切に扱えば、心豊かにあたたかい気持ちになれ、孤独や不幸な思いは消えてしまうのだということ。

それに気づいたマルチンは、本来のやさしくて活動的な自分を思い出し、親友と一緒に町のお祭りへと出かけていくのです。

私は、胸の奥がツンとするのを感じました。人は、どんな目にあっても愛のある場所から再出発することができるのだと感じたからです。

『くつやのマルチン』には、多くの孤独な人たちが登場します。雪かき掃除人、赤ちゃんを抱いた婦人、りんご売りのおばあさん、貧しい少年。

マルチンが失意のもとに閉じこもっていたときは、誰一人、マルチンの目には映らなかった人たちです。そして、マルチン自身も、誰からも見てもらえていない存在だったのです。

孤独や死というのは、誰にとっても怖いものですが、もっと恐ろしいのは、存在を無視されながら生きるということ。それは、生きながらにして死んでいるようなものです。

私は日ごろから、無視されている人を放置しないようにしています。たとえば大勢が集まる場で、一人だけポツンと立っている人がいれば、「こちらにいらっしゃい。一緒に話しましょう」と声をかけます。

知らんぷりせず、「こちらにいらっしゃい」と声をかけることができる人は、一人にならず、孤独に生きることもないと思うからです。

すべての人、すべてのものには神が宿るのだということ。それらを大切に扱うことは、つまり、自分を大切に扱うことに等しいのだということ。

これは、日本には古くから伝わる八百万(やおよろず)の神の考え方に通じるものがあります。

愛を持って行動していけば、そこには必ず、つながりが生まれ、孤独から抜け出すことができます。

愛のあるところに、神もある。愛を自分から投げかけられる人は、どんな状況でも再出発できるのです。

自分の目に映るすべてのものを
「自分ならそうされたい」
ように扱いなさい

――愛あるところに、神もある

3章
素直さとともに生きる

結末を結び直す「ご褒美の時間」

数年前、自宅の階段で足を滑らせました。そのときは大したこともなかったのですが、数日後から腰が痛くて歩けなくなり、回復してずいぶんよくなったとはいえ、五十年以上続けた能の仕舞は舞えなくなってしまいました。そそっかしい自分を呪（のろ）いましたが後の祭り。それはもう、悔しかったものです。

私は本来負けず嫌いですが、できないことに固執するのは性分ではありません。舞うことはあきらめ、椅子に腰かけて謡（うたい）だけを続けることにしました。

最近になって、老いることは失うことばかりではないのだな、と思うようになりました。今までできたことができなくなっていくぶん、手に入るものがあります。

それは、今まで持っていたプライドや悩みが、なくなりはしないけれども、さほど気にならなくなって、ほどけていくような感じです。物事に少し寛大になっている自分がいます。

何かできないことが一つ増えると、一つ、誰かの手を借りることになります。「これは自分で立派にできたことだ」といった、今までのプライドを握りしめたままでは生きられなくなっていきます。

できなくなったことにこだわらず、できることをやる。その中で楽しく生きていく――そんな方向転換が無意識のうちに始まります。

今まで悩み続けていたこと、とても大きな課題だと思っていたことは、否が応でもできなくなっていくのだから、課題ではなくなります。代わりに、日々をより穏やかに過ごすために必要なことに目が行きはじめます。

それは、あのとき素直になれなかったことへの償いであったり、今まで言えなかったことを伝えることであったり、昔ゆるせなかったことをゆるすことであったり。ほつれてからまった糸や切れてしまった糸に、こだわりを脱ぎ捨てた純粋な目を、もう一度向けられるようになるのです。

私は普段からせっかちで、電話は用件だけ伝えるとすぐに切ってしまいます。でも「あ、あれを言い忘れた」と思えばまた、すぐに電話して「何度もごめんね、さっきの話だけどね」とつけ加えることもしょっちゅうです。

この私の《クセ》を指摘されて、改めて思ったのです。人生だって、こんなふうに、言い足りなかったことは、言い足せばいいのだと。言い間違えたことは訂正すればいいし、言いすぎたことは謝ればいいのです。

それは、何かの結末を、自分で結び直していくような感覚です。老いて長生きするということは、その「人生の糸の結び直し」の時間をいただくということ。

まさに人生のご褒美、ボーナスタイムを得ることなのです。

長生きはご褒美。もつれた糸を幸せな結末に結び直す人生のボーナスタイム

——老いとはすべてを「ご破算」にしてくれるご褒美の時間

「あたりまえ」と言いたくなったら立ち止まる

「年をとると頑固になる」

そう言われることがありますが、これは、心がけしだいだと思います。

一般的に、人は、年齢を重ねるほどに、自分自身の経験から得た教訓を元にしたルールに忠実に生きる傾向がありますが、「最近の若者は」が口グセのようになっている人は、少し視野を広げる必要があるかもしれません。

私は、戦後の日本の変化を、法律と人間関係の問題を通じてたくさん見てきました。

その中で思うのは、いつの時代も、人は自分の中の「あたりまえ」という概念にとらわれると、そこにそぐわない相手のことを拒絶したり、変えたくなったりするということです。結果、人間関係に溝ができ、やがて修復できなくなっていきます。

その時代や育った環境ごとに「あたりまえ」は違います。

私は若い人たちと話すのが好きですし、今のテレビ番組や、今流行(はや)っているものについて知ることも楽しみにしています。ときに、すすめられた帽子やスカーフを身につけてみたり、テレビ番組を見てみたりすると、そこにはいつも新しい発見があります。

また近年私は、家事事件の多くを、私と同じく福岡に事務所をもつ稲村鈴代弁護士と一緒にやっています。つき合いは彼女の新人時代からですから、もう三十年ほどになります。

気心の知れた弁護士さんと一緒に事件を受けると、新しい考えを取り入れることができ、教わることも多々あります。

年齢を重ねても、今の時代を生きることはとても大切なことです。知的好奇心を失わずに、どんな人や新しいことにも素直な心で接することが必要だと思います。

素直でいるということは、単に、人の言うことを何でも鵜呑みにしてしまうということではありません。

弁護士のような仕事をしていると、依頼者のために譲らない強さも必要ですが、素直さがあれば「ああ、相手方はこう考えているのか」と受け止めたうえで、柔軟に振る舞うことができます。素直さがあれば、主張もしなやかになり、バランスがとれるのです。

この強さとしなやかさのバランスがとても大切だと思うのです。

褒められれば「あらそう？　嬉しい。ありがとう」と言えること。

人から「こうしてみたら？」と言われたときに「勝手なことを言うな」と頭ごなしに否定するのではなく「教えてくれてありがとう」と、感謝して受け止めてみること。

自分とは違う考えの人がいるときに「そういう考えもあるのか」とおもしろがってみることです。

自分の考えを消し去るのではなく、新たな風を取り入れられる余裕があれば、人生はより新鮮で、楽しいものに変わります。

「あたりまえ」にとらわれると、相手や社会を拒絶し、最後には孤独になる

――「あたりまえ」って何でしょうか？

もつれた心をほどいて、感謝の言葉で結び直す

私は「素直」という言葉に特別な思いがあります。それは、母との思い出がそこにあるからです。

私の実の母は、私が小学四年生のときに亡くなりました。七か月で生まれた未熟児を残してのことでした。

残された五人の子どものため、父は周囲のすすめで、亡き母の妹、つまり私の叔母を後妻に迎えました。新しい母は二人の娘を連れてわが家に来ました。新しい姉妹は私の一つ上と一つ下です。従姉妹のころはさして感じなかったのですが、勝気な妹とは気が合わず、新しい母は冷たい感じで、明るかった私はしだいに暗い性格になっていきました。

太平洋戦争の最中でしたが、私は家を出たくて東京の帝国女子専門学校国語科への進学を希望、無事合格できましたが、女専へ進学するにあたり、内申書が必要になりました。

その内申書には、親が子どもについて書く欄があり「娘さんをどう思われますか？」という質問がありました。

私はドキリとしました。内申書は本人は見ることができません。母が私のことをどう思っているのか、考えただけで怖くなりました。

でも、見たい。

どうしても気になって仕方なかった私は、封を端からピリピリピリと、そっとはがしました。中にひとこと、

「素直」

母の美しく丁寧な文字が書かれていました。

予想もしなかった「素直」の二文字への驚きと、なんとも言えない嬉しさは、

今も忘れられません。

私は心の中で「お母様ありがとうございます。悪い子だったことをおゆるしください」と深く頭を下げました。あれだけ反発していた私を、母は「素直な子」と認めてくれていたのです。

そのときの私には何が素直なのかはわかりませんでしたが、とにかく「素直でいよう。ずっと素直でいたい」と強く思いました。


この出来事は、私たちの関係を少しずつ変えていくきっかけになりました。自分のよさを認めてくれていると思うと、反抗心も薄れていったのです。

結婚し、子どもが生まれると、よい距離と心の余裕が生まれ、さらに関係は改善していきました。母は熊本の裁判所の近くに住んでいました。私が裁判や墓参りで立ち寄ると、そのたびにおいしい手料理を用意して待っていてくれました。

私は母の手作りのちらし寿司が好きでした。

母が八十五歳を過ぎたころ、私はこう伝えました。

「何か、言い残したなと思うことがあったら書いてほしい」

母から届いた手紙には、かつて達筆だった人の字とは思えないほど力のない文字が綴(つづ)られていました。そこには、当時の苦労については、今言っても仕方がないのだということや、父の死後、私が続けていた仕送りについての感謝の言葉がしたためられていました。


明治生まれの父は、厳格で口数の少ないいわゆる「肥後もっこす」で、母は逆らうことはありませんでした。五人の連れ子に、実子二人の子を育てる毎日はさぞ、苦労も多かったことでしょう。手紙を読みながら、私は改めて、母の苦労や葛藤を受け止めることができました。

母は九十八歳で亡くなりましたが、もつれた確執の糸は、母が長生きしてくれたおかげでほどくことができ、私は感謝という名前の糸で結び直すことができました。

幼いころ見ていた景色と、人生経験を重ねたからこそ見えてくる景色は違うものです。

人は、年齢を重ね、やがてお互いが十分な年齢を重ねた頃に、本当の意味で親や、厳しい言葉を投げかけてくれた人たちの、本当の思いを知ることができるのだと思います。

和解のときは必ず訪れる

——人生経験を重ねたからこそ見える景色を味わう

一つの嘘が、心に虚しさの「檻」をつくる

深夜にドライバーを使ってビルにしのび込み、会社のデスクの引き出しから金品を盗んでいるところを見つけられたある初老の男性が、現行犯逮捕されました。かつて、事務所荒らしでならしたといいます。

「他にもやっているだろう。証拠もあるんだ」と、警察官に尋問を受けても「いいえ、これだけです」と頑なに否認していました。

私が「自分がやったことは正直に本当のことを話しなさい。嘘をついたらいかんよ」と伝えると、ハッとした顔になり、何か思い出したようでした。

彼が子どものころ、嘘をついたとき、母親から「嘘はどろぼうのはじまりだよ」と諭されていたのです。

それから男は、警察官に洗いざらい白状しました。妻が被害弁償のお金をつくり、私が余罪の一軒一軒を回って弁済にまわりました。判決は、懲役二年六か月が言い渡され、五年間の執行猶予がついたのでした。

「夢のようです。ありがとうございます」

と喜んだその男性の顔は晴れやかで、今まで繰り返した嘘を、もうつかなくていいのだという安堵の表情でした。改心して生きていくことを決めたその顔は、キリッと引き締まって見えました。

嘘という字は、口偏（くちへん）に虚（むな）しいと書きます。

事実ではないことを言うのは気がとがめるものです。

どれだけ、社会に対して嘘をつき続け、ごまかし、保身に走ったとしても、自分だけは、それが嘘だと知っています。

「一つの嘘をつく者は、自分がどんな重荷を背負い込んだのか滅多に気が付かない。一つの嘘をとおすために、別の嘘を二十発明せねばならない」という言葉がありますが、私もそう思うことがあります。

最初は自分を守るための小さな嘘かもしれませんが、多くのものを失います。周囲からの信頼を失い、人とのつながりを失い、やがて、人生は輝きを失います。やがて自ら生み出した嘘の檻（おり）から出られなくなり、人生の大きな重荷を背負うことになるのです。

小さな一つの嘘がつくる「檻」に
あなたを閉じ込めてはいけない

——他でもないあなたが、嘘と知っている

一人で生きているつもりでも、一人きりで生き抜くことはできない

夫の暴言に耐えられなくなり、子どもを連れて家を出た若い妻がいました。実家に身を寄せて二年がたちましたが、夫は離婚に応じません。

「勝手に出ていったのだから、生活費は送らない。離婚する理由もない」

妻のほうは、身動きがとれず「不安で眠れない」とその心境を吐露しました。そしてこう言ったのです。

「もう、死んでしまいたいと思うときがあります」

相談者たちは、当人同士の話し合いがうまくいかないからこそ、弁護士のもとを訪れるわけですが、こういった相談は、私も気が重くなります。

今でこそ、別居が長い場合は、離婚が認められる時代になりましたが、それで

も、片方が話し合いをよしとしない場合は長引くことが多いのです。

「生活費も離婚も、法的に請求する道もあるのだから、あきらめてはいけない。あなたが親や子どもに『生かされている』ということは、決して忘れないでね」

私は彼女にそう伝えました。

人生のどんな孤独な場面でも、私たちは、決して一人で生きているわけではありません。そう言うと、「いいえ、私はずっと孤独に生きてきました」と言う人もいるかもしれませんが、それは事実ではありません。

あなたがこの世に存在しているということは、必ず、父と母、祖父母、曽祖父母、その先のご先祖の存在があります。そして、生まれてからは、多くの人たちに助けられ、生かされてきました。

人間は生まれてすぐに立ち上がることができない動物です。今、あなたが生きているということは、あなたを生かしてくれる存在がいたという証明でもあります。

私は、今も年に二度、お盆と年末に福岡の墓と熊本の実家の墓に行くようにしています。お墓参りは、自分を生み、育て、守ってくれた人たちのことを思い出す大切な時間であり、故人を思い出すことで、自分が多くのご先祖によって「生かされている」と感じる時間でもあります。

たった一人で生まれ、たった一人で死んでいくのが人間ですが、たった一人きりで生き抜いたという人はいません。

今まで生きてきたということは、必ず、誰かに抱かれ、手を引かれ、誰かに関わり、たくさんの人たちの手で生かされたということです。

「私は一人で生きていくからもういいの」

そんな言葉を誰かに言いたくなったときには、このことを思い出してください。それを聞いてくれる相手も、あなたを生かしてくれている、大切な一人です。

人生は自分だけのもの。
でも、その命は、
誰かにもらい、生かされ、
ここにあるもの

――「一人で生きていく」なんて、おこがましいことです

ほどよく忘れた人は幸福度が倍になる

年齢を重ねて、これまで憂いていたことを「もう面倒だからいいや」といい具合に忘れてゆるせる人と、年齢を重ねるごとにさらに恨み深くなっていく人。二種類の人がいるような気がします。

その違いは、自身の幸福度の高さ、心の余裕です。

では、どうやったら幸福度が高まり、心の余裕が生み出せるのかというと、それは過去に執着しないことです。

「あのときああしておけばよかった」「あの人のことは絶対にゆるさない」というような後悔や恨みは、幸せを遠ざけます。どうしても手放せない過去があるときは、一度こう自分に問いかけてみてください。

「このまま、一年後も、三年後も、五年後も、私は、後悔や恨みに苛まれながら生きていくつもりだろうか」

人には生きているかぎり、未来があります。後悔し、恨み続ける未来を歩むのか、それらを手放して穏やかに生きる未来を選ぶのか。それは今、この時点から決められることです。

これは、離婚や相続などの人間関係のもつれをほどくカギでもあるのですが、「これがダメだ」と思ったら、パッと方向転換して、好きなことにエネルギーを使う人ほど、幸せをつかみやすいものです。

女性の場合は特に、思うがままにいかない人間関係を一人で頑張ってなんとか思うようにいかせたいと思う傾向があるように思います。だからこそ、嫁姑、親子、夫婦問題が表面化するわけですが、こじれている最中に、なんとかしようと動けば動くほどもつれてしまいます。そんなときは、意識して、思いやこだわりを一度手放してみることが必要です。

おすすめなのは、新しい趣味を持つことです。

私は、仕舞が舞えなくなってから、「いつかやりたい」と思っていた習字をはじめました。立ったまま書をしたためるので、腰にも楽で、月に一回、一つの字を書くだけ。先生がとても褒め上手なので、楽しく続けています。続けていると少しは上手になるような気がします。

いくつになろうと、新たな興味を持ち、挑戦してみることで、できることは増えていきます。今抱えている問題ではなく、他のことに目を向け、新たな人間関係の中で楽しみを見つけると、今まで一極集中していた視野が広がり、心に余裕が生まれます。心に余裕がある人は、人に寛大になれます。そして、人の幸せを妬んだり、うらやんだりすることもありません。未来を向いて今を楽しんでいれば、幸福度はまた高くなっていくのです。

そうやって、今できることを楽しんでいれば、思ったとおりにいかないと思っていた問題が、知らないうちに解決しているということもあるのです。

「恨み続ける未来」か、「穏やかな未来」かは今、自分で決められる

——「とらわれる心」に幸せを邪魔させない

心の居場所をつくるのに遅すぎることはない

若いころは、弁護士という仕事は、よい結果が出て依頼者と喜びを分け合ったときの充実感はありますが、そこにたどりつくまでの重圧感や孤独感が大きく、押しつぶされそうになることも多々ありました。

人の争いごとに関わるこの仕事がはたして自分に向いているのだろうかと自問自答を繰り返しました。依頼者の気持ちをくみ取って、よりよい解決策を出し、人生を後押ししなくてはという責任感に押しつぶされそうになり、「弁護士になりたくてなったんじゃない」と、逃げ出したくなることもありました。

そんなとき、私を支えてくれたのが能でした。

「今日、仕舞の稽古があるけれど、来ませんか。度胸がついて、法廷でも大きな声が出ますよ」

三十歳のとき、福岡地裁の安倍正三裁判官から電話を受けました。私が自信なさげに法廷に立っていたからでしょう。誘われるままに稽古場へ行きました。

そのころ、安倍先生は地裁の和室で自ら、修習生を相手に宝生流の謡の稽古をつけておられました。仕事を通しても人間味あふれる裁判官だと尊敬していましたから、私は足のしびれに閉口しながらも通うようになり、これまで続けてきました。

仕舞を舞いながら、自分の内へ内へと向かっていく充実感と緊張感。それは、仕事のことを忘れ、心の安らぎを感じられる、自分のための大切な時間でした。

また、新聞などで執筆の機会をいただき、その時々の思いを表現する場を与えられたことは、仕事や自分自身について一歩引いた目線を授けてくれました。

弁護士であること、妻であり母であること、能、執筆、それぞれの居場所が私を支えてくれていたことを感じます。

子育てが一段落し、生活が安定してきて、私なりに自然な生き方ができるようになったのは、四十五歳を過ぎてからでした。ようやく「弁護士になってよかった」と思えるようになったのもこの時期でした。

相談に訪れる女性たちに、私は、仕事以外の趣味を持つことをすすめてきました。それは、趣味とは心の居場所であり、その居場所はたくさんあったほうが視界が開けると感じるからです。

たとえば家庭や仕事の中で苦しいことがあっても、趣味に没頭する時間や、趣味にまつわる人間関係が自分を支えてくれます。

また、趣味を継続していけば腕がぐんぐんと上がったり、仕事につながったり、友情を育んだりと、人生において大きな財産になります。

健康で長生きをしながら趣味を続けていけば、六十歳ではじめたことも、気づけば十年、二十年、三十年続けていることになります。何歳になっても、自分で自分の居場所をつくることはできるのです。

何一つ、はじめるのに遅すぎることなんかない

――心の居場所をもう一つ見つけよう

4章
心いきいきと、今を楽しむ

助けられていい、それでも気高く生き抜くために

二〇一六年、百歳以上の高齢者が六万五千人を突破したと報じられました。公的介護保険の導入や、二十四時間ホームヘルパーサービスの普及など、以前とは比べようもないほど介護の精度やサービスも向上しました。

近年では、医者や看護師も、生活習慣病を改めない患者に対して「病気になって死にますよ」ではなく「病気になってどれほど苦しくても、死ねませんよ」と説得することがあるそうです。

以前、元県立高校の校長先生で、五十年連れ添った妻を半年前に亡くしたというTさんの遺言書を作成したことがあります。当時七十八歳のTさんは、健康で自立心が旺盛、柔軟な心の持ち主でした。娘さんも、二人の息子さんもとても

やさしく、「一緒に暮らそう」と言ってくれましたが、故郷を離れる気にならず、一人で暮らすことを選びました。Tさんはそのとき、一通の遺言書を作成しました。

それは、四つのことを基本理念とした遺言書でした。

《1　亡き妻の霊を懇ろに供養したい》

「この土地、この家は私たち二人の命であって、できるかぎりそのままにしておき、ありし日の妻をしのびつつ供養を続けたい」

《2　生活を複雑にして心身をいたずらに消耗するのを避けたい》

「独りぼっちは我慢できるけれど、行き違いや意思の疎通に支障を来し、お互い気まずくなり、気苦労するようなことは、心身ともに疲れて得るところはない」

《3　生きがいを持ちたい》

「生きがいをなくすことは、生きていないのと同じ。私の生きがいは、三人の子どもが力強く生活していること、家庭菜園で四季のものを作って子どもたちに時々送って喜んでもらうこと、版画のグループをボランティアで指導していることなど」

《4　健康を保つこと》

「胃腸が弱いので、よい状態に保つこと。今の土地で家庭菜園をしながら日々草取りや耕しなどをして暮らすことは、最良の運動になる」

この四つの理念をもとにした遺言が、達筆でしたためられていました。作成後、十年がたっても、Tさんは一向に老いることはありませんでした。

詩人サムエル・ウルマンの「青春」という詩の中に、

「青春とは人生のある期間ではなく、／心の持ちかたを言う。／（中略）／年を重ねただけで人は老いない。／理想を失うとき初めて老いる。／／歳月は皮膚にしわを増すが、熱情を失えば心はしぼむ。」

というものがありますが、Ｔさんはまさに、この主人公のようでした。

「まだ一人で楽しんでいますよ」

気さくで、明るくて、毅然としていて品があるその姿に、私は大変感銘を受けたものです。

長年、離婚問題を扱う中で、私は女性たちに「三つの自立」を伝えてきました。

「精神的な自立」
「経済的な自立」
「社会的な自立」
の三つです。

しかし、年齢を重ねると、これらが叶(かな)わなくなることもあります。人生の後半になると、これまでとは違った自立が必要になってくると思うのです。

それが、「自分のことは自分でやり、できないことは人に頼む」という四番目の自立です。

人の手を借りないとできないこと、自分が一人では不安なことは、積極的に人を頼り、ありがとう、と感謝する。でも、今自分にできることは、人の手を借りずに、少しでも長く自分でできるように努める。そのためには、自分に何ができ、何ができないのかを知っている必要があります。

年をとったら助けてもらって当然、介護されて当然、という考えではなくて、助けてもらいながらも、自分でできることは何なのか、それを常に探し続ける自分でいたいなぁと思うのです。

誰かがいることを前提にし、助けられて当然と思っていると、それが叶わないときは常に不満が生まれ、憤り、苦しみを生みます。

最初から人は一人であると知っているかぎり、人と自分との境目をどんなときも見失うことなく、相手とほどよい距離を置きながら生きることができるような気がします。

そうすれば、人と関わることを大切にでき、人との関係に愛を与え、愛を感じることができます。誰かに何かをしてもらったとき、素直に感謝して受け取ることもできます。

私も残りの人生を、こんなふうに歩きたいなぁと思うのです。

「人に助けてもらうこと」「自分でできること」その境目は自分で見つけるという自立

――気品ある老い方をする

見送る家族に残すもの、残さないもの

遺産相続に関する相談は増加の一途をたどっています。老親の介護をした人への敬意はどこかに置き忘れ、分け前だけを要求してくる人が多くなったように思います。

「男も女も兄も弟も相続分は平等ですよね？　法律どおりに要求します」「兄弟で平等に分けるなんて無理です。家業がやっていけなくなります」「お兄ちゃんが独り占めしようとしているからゆるせません」「親の看病もしなかったくせに」

兄弟が言い募るのを、なだめ、同感し、説得したりしながら、できるかぎり皆が落ち着くように話をしていくのですが、権利だけを主張して争い、思いやりを忘れ、兄弟姉妹が義絶していくのを見るのはなかなかに忍びないものです。

遺産分割の争いは、お互いが譲歩しないかぎり解決が長引くものですが、そこにもめごとを生じさせないための故人からのメッセージ、それが遺言です。

私は常々「七十歳を過ぎたら遺言を書きなさい」とお伝えしています。それだけで、一つ争いごとが減るのですから、書いておかない理由などありません。

私の父は、遺言こそ残さなかったものの、六十六歳で亡くなる半年前、「わしが死んだら、二階を学生の下宿屋にしたらいい」と言い出し、平屋だった自宅に、三部屋ある二階部分を建て増ししていました。

父は母の料理上手を認めていたようです。間もなく、父から子どもたちへ、増築祝いの知らせが届き、子や孫たちが大勢集まりました。私も夫と、生まれて半年に満たない長男を抱いて出席しました。父は上機嫌でした。

その翌月、父は風呂場で倒れ、わずか三日後に永眠しました。

父は死の予感があったのでしょうか。その後母は、父が残してくれた二階に大学生三人を下宿させ、「皆さんに喜んでもらっている」と嬉しそうに私に話しました。豪快で人情深く、洞察力の鋭い父らしい死に様でした。

遺言書は、老い支度でもあります。したためているうちに、自分が人生の中で培ったもの、得たことなどを思い出すことができます。

年をとって一人になったとき、どう暮らしたいのか、寝たきりになり、認知症になった場合に、自分の預貯金や株、不動産をどうするのか。老後の生活設計を考えるいい機会になります。同時に、大切な家やお金を、大切な人たちに贈る準備が整うのです。

自身の死後、自分の大切な人たちがお金をめぐって争わないように、整理をしておくのは大切なこと。財産の多い少ないではなく、悲しみに暮れるであろう大切な人たちが、穏やかな気持ちで過ごせるよう、幸せになれるよう、メッセージを残すことは、品のある行為だと思います。

遺言は家族へのメッセージ自分の人生を振り返る老い支度

——「財産なんてない」という人こそ、自分のために書く

残された人たちを感嘆させた一通の「花の遺言書」

ある桜の季節に起きたできごとです。

「桜の花の散るころに死ねたら最高ね」と言っていたNさんが亡くなりました。その日は花吹雪が舞う暖かい日でした。

Nさんには、家屋敷と退職金の他に、余生を過ごす十分なたくわえがありました。彼女は、自分の病気がガンであることを知り、公証役場に出向いて遺言書を作っていました。独身を貫いたNさんには夢があり、それは、Nさんが活動されている団体に寄付をするということでした。

死後、親族はその内容を知らされました。「預金の八〇パーセントをNの所属する福祉団体に遺贈する。死んだ兄の長男に不動産と預金の残りを相続させ、死後の一切の行事を託す」というものでした。遺産相続は遺言のとおりに実行され、福祉団体からは「花の遺言書」として、感謝状が贈られました。日本人にはめずらしい潔い決断だったと思います。適正な遺言書と法律が彼女の思いを形にしたのでした。

一方で、法律が人の目に非情なものに映ることもあります。継父の遺産相続の相談に来た女性の場合がそうでした。

彼女の母親が継父と結婚したのは彼女が三歳のとき。継父には連れ子はなく、その後も夫婦の間に子どもが生まれなかったこともあり、彼女はずっと一人っ子で、継父からも本当の娘同然に大切に育てられました。

母親が先に他界し、継父は八十歳で病に倒れました。寝ずの看病もむなしく、三日後に亡くなったのですが、継父と養子縁組をしていなかったため、彼女に遺産の相続権がないことがわかり、相談にいらしたのでした。

遺産は、亡き母とともに継父が築いたもので、実質的には父母の共有物と言えるものでしたから、法律がなければそのまま娘がすべて受け継いでいたはずです。私は、継父が「財産は亡き妻の娘に贈る」と遺言を残してくれていれば、何も悩むことがなかっただろうに、と思いやりましたが、どうしようもありません。

そこで、私は相続人らのまとめ役となり、相続人側の弁護士宛に遺産目録と遺産形成の経緯を書いた手紙を書きました。幸いなことに、すべての相続相談者が理解を示し、全遺産の二分の一を彼女が、残りを継父の姪や甥が相続することで話がまとまりました。

法律は、人間関係の問題を解決するためのルールです。もちろん、法律で救われる人もいますが、時として、法律が現実に起きていることにそぐわないこともあります。その隙間を埋め合わせるのが私たち弁護士の仕事だと思っています。

「相手の立場になって考えなさい」

これは私が新人弁護士だったころ、恩師である灘岡秀親先生によく言われた言葉ですが、これを深く考えるきっかけになったできごとがありました。

妻子ある男性との間にできた子どもの認知と養育費を求めて、ある女性が相談にいらっしゃいました。

相手方は「妻にバレると困るから」と、調停をするまでもなく、こちらの高額な慰謝料請求と認知、養育費にすんなり応じました。私はとても満足していたのですが、依頼者からは抗議を受けました。

「私は、調停にしてほしかったんです」

依頼者は、「離婚する」と言いながら自分との関係を続け、子どもができたら逃げようとする自分勝手な相手の男性を、調停の場に出向かせたかったのです。きちんと自分と子どもに向き合ってほしい、それが、女性の切なる願いでした。

新米だった私は、その女性の心の痛みまで思いやれていなかったことに気づきハッとしました。

事件を解決するということは、依頼者の苦しみや悔しさを解決するところまで考えなければならないということなのだと、この苦い経験は教えてくれました。

それからも、携わった数々の事件を通じて、人の心や思いは決して法で裁き（さば）きれないものなのだと痛感しながら、ときに法に助けられ、ときに法を非情なものに感じながら「どうすれば、依頼者の心に寄り添った弁護ができ、どうすれば依頼者が幸せになれるのか」を全身全霊で考え続けてきました。

人には心があります。

遺産相続にしろ、離婚問題にしろ、法律で決まっているから「正しい」、法律で間違っているから「裁いてほしい」では、解決するものも解決しません。また、解決したとしても、家族が断絶してしまうなどの悲劇が起こります。

相手への理解と思いやりの有無が、結果を分かつのだと思います。

誰かを救うのは
法律ではなく
理解しようとする思いやりである

――結局残るのは、お金でなく「思い」

立つ鳥は余分なお金を残さない

誰もが死ぬまで元気でいたい、周囲に介護の苦労をさせたくない、と願います。そのせいか、長く生きることを想定し、老後、お金が使えないという話もよく聞きますし、「お金さえあれば老後は安心」「お金を残せば子が幸せになれる」と思っている人も少なくありません。

でも、自分が亡くなった後に、家族がなけなしの遺産をめぐって骨肉の争いをする可能性があることについても、一度は考えてみてほしいのです。お金があれば安心ではあっても、必ずしも幸せにつながるとはかぎりません。

ある男性の死後、三通の直筆の遺言が遺族の元に残されていました。三人の息子たちそれぞれに渡された直筆の遺言書でした。兄弟一人一人が「父は自分だけに遺言を書いてくれたのだ」と思い込んでいたのです。

私は兄弟の一人から相談を受けていました。

亡くなった父親は、七十歳で妻に先立たれたのを機に長男の家族と同居をはじめました。そのとき、「長男に自分の全財産を相続させる」という遺言書を書いたのです。ところが、長男夫婦とは折り合いが悪く、次男や三男に愚痴をこぼすようになりました。そんな経緯があり、二人にも遺言書を書き残したようでした。

おそらく、父親は子どもたちに大切にしてもらいたくて、それぞれに有利な遺言を書いたのでしょう。

遺言書は、もっとも日付の新しいものが有効となりますが、この父子に訪れた結末は意外なものでした。父親の貯金通帳の残高は、葬式がやっと出せるほどの金額しかなかったのです。そこに見えてきたのは、お金でつながる親子の情の薄さでした。

中国北宋代の儒学者、司馬温公(おんこう)はこう言っています。

「大金や資産をいくら多く残しても、

子や孫たちは、これを上手に守り使うことは出来ないものである。

子孫をいつまでも栄えさせようと思えば、

世の人々のために自らが陰徳を積むことこそが、

子孫が幸せに暮らす基となる」

子の行く末を案じて財産を残そうとしても、突然降ってきたお金は人をなかなか幸せにしないということ。

言い換えれば、お金を残すよりも、自分で自立して生き抜く方法を学ばせることのほうが重要で、そのためにも、自ら社会のためになることを続けていくことが大切だということ。この考えには、私もおおいに賛成です。

海外では多くの富豪が、子どもに遺産を残さない選択をし、多額のお金を寄付していることもたびたびニュースになります。

私も、若いころから弁護士の大先輩から「社会のためになることをしなさい」と言われ、長きにわたり「社会福祉法人福岡いのちの電話」の理事を務め、また、多額とは言えませんが、毎年少しながらの寄付をしてきました。

仕事をしてお金をいただき、趣味の仕舞など、好きなことに使い、それがまた仕事をするエネルギーになり、社会のために少しだけお返しする。それが、人生のバランスをとってくれていたように思います。

まずは、自分が楽しく、笑顔で過ごせる老後を送ること。そのために、お金を使うこと。余力があるなら、自分が生きてきた世界、そして自分の子どもたち、孫たちが生きていくこの世界のためにお金を使うこと。その姿を見せることが、子孫への大きな財産の継承となるのではないでしょうか。

最後まで耐えて忍んで残した財産が、子らの自立を奪い、争いごとを生む種となってはなりません。

「お金」について言えば残りものに福はなく、人を鬼にすら変えてしまう

——遺(のこ)したもので、大切な人が争う悲劇を生んではならない

他の誰にも、自分の人生を奪わせない

近年は、中高年をねらった結婚詐欺も多いのですが、結婚詐欺師は出会い系サイトや婚活パーティなどの出会いの場を通じて標的を探すようです。

ある結婚詐欺師の男は当初は羽振りがよく、会社を経営していると女性に伝え、洋服や靴、バッグなどを気前よく買ってくれたそう。早々に「将来のことを考えているから、お子さんにもきちんと会っておきたい」と誠意のある姿を見せ、実際に面会をしたり、一緒に食事をしたり、なかには早々に指輪を用意するという。

一か月ほどたったころ、「会社で未入金があり、対応しているが、月末までなんとか乗り切らなくてはならない」などと、もっともらしい理由をつけて女性に借金を無心します。女性の三百万の貯金がなくなったころ、男は買い物に行くふりをしていなくなったのです。

そこでやっと、女性は結婚詐欺であったことに気づきますが、後の祭りです。

一方、家族の絆（きずな）を奪ってしまう詐欺が、ここ十年急激に増加している振込詐欺です。よく知られているのはオレオレ詐欺。その名のとおり「俺だよ俺！」と子どもや孫になりすまして「事故にあったからすぐにお金が必要」などと言って、金銭を要求するものですが、お金を奪われただけではなく、なりすまされた側の孫や子どもが「俺がそんなお金の工面をお願いするわけないじゃないか」と腹を立て、被害者との関係がギクシャクするという話も聞きます。

振込詐欺、結婚詐欺、投資詐欺。

さまざまな詐欺がありますが、どの被害者も、当事者になるまでは「私はそんな目にあわないと思っていた」と口をそろえますが、実は弁護士であっても、詐欺を見破るのはなかなか難しく、被害にあうこともあります。

たとえば、一緒に裁判を戦った後、更生を誓った被告人が弁護士に対してお金の無心をすることがあります。借用書を交わしてあとはドロン。と言うと、「え？そんなの、誰も引っかからないでしょう？」と驚かれる方もいるでしょう。ですが、詐欺を働く人間の多くは、人を騙す天才。「詐欺事件は弁護士も受けるな」と、弁護士の間で言われているほどなのです。

プロの詐欺師にかかったら、弁護士だろうと騙されてしまうのですから、騙されたご両親や祖父母に対して糾弾するのはかわいそうな話です。

それよりは「誰もが引っかかってしまうのだ」ということを肝に銘じて、家族で対策について一緒に考えておくことが大切です。本人を確認するためのキーワードを考えたり、携帯の番号を変える際は必ず報告することにしたりなど、ルールづくりをしておくといいでしょう。

自分が舵をとるこの人生を誰にも奪わせないよう、いつになっても身を守る賢さを忘れずにいたいものです。

真の悲劇は、詐欺に家族の絆まで壊されてしまうこと

――身を守る賢さを忘れない

時の流れは「一番つらかったこと」を「一番の思い出」に変える

「今まで生きてきて一番嬉しかったのは離婚できたとき」と、ある作家さんが自身のエッセイに書かれていました。

そういえば、長きにわたった離婚事件がようやく片づいたときに「今日は私の人生で一番嬉しい日です」とよく言われたものです。

ちなみに、私が夫に生前「あなたにとって一番嬉しかった日は？」と聞いたときは、「日本の舞鶴の港が見えたとき」と言っていました。大学半ばで学徒出陣し、二年半もソ連に抑留された夫にとって、生きて再び日本の地を踏めたことが、人生で一番嬉しい日だったのでしょう。

私はというと、司法試験に合格したとき。何度受けても不合格で、父から特訓を受け、やっとの思いで果たした合格でした。

父から「法律家になるのなら大学へ行っていい」と言われていた私は、入学した後で苦しみました。私は、とうてい法律家になれるような人間ではないと思っていたので、勉強にはまったく身が入らず、たまたま、大学の教会でキリスト教青年会（ＹＭＣＡ）に誘われて入部しました。

心のあたたまる部会でしたが、それが父の耳に入り、逆鱗（げきりん）に触れ、電報が飛んできました。「ホウリツガイヤナラダイガクハヤメロ」。返信をしないでいると「スグニモツヲマトメテカエレ」「ベンキョウイヤナラソウキントメル」。父に申し訳なく思いました。下宿の奥様が熱心なクリスチャンで「大変ね」と心配してくださり、教会に連れていってくださいました。

大学はやめたくなかったので、校内の司法試験受験生の研究室へ入室しましたが、とうてい、合格が見込める状況ではありませんでした。

父との約束を裏切っている罪の深さにおののいて、父には黙ってキリスト教の洗礼を受けました。精神的に追い込まれ、救いを求めていたのだと思います。

大学を卒業して熊本に戻り、観念して勉強をはじめたものの、「もともとやりたかったわけじゃない。法律なんて性に合わない」という思いが湧いてきて、法律書をふすまに投げつけることもありました。法律書の下に小説の本をしのばせて、父がいなければそれを開けて読んだり、こっそり映画を観に行ったりもしました。

父は、学校の教員をしながら独学で地道に勉強して弁護士試験に合格した経験から、「やればできる」という思いがあったのだと思います。

半年もたつと、私なりに答案の書き方の要領がわかるようになりました。「久子は必ず通る」という父の言葉に後押しされ、私はようやく本気で取り組むようになりました。

一九五三年に筆記試験に合格しましたが、口述試験に失敗。翌年は、父のすすめもあって、口述試験に備えて九月には上京し、母校の瑞法会で追い込みの勉強をしました。口述試験は順調に終わり、翌日の発表を見に、霞が関の法務省へ行きました。「合格」の文字を見たときは嬉しくて嬉しくて、思わず、近くにいた男性に飛びつきました。さっそく父に合格の電報を打ちました。

こうして振り返ってみると、人は苦しければ苦しいほど、その先にある喜びを大きく実感し、いつまでも覚えているものなのだと思います。

「今まで生きてきて一番嬉しかったのは、病気の主人と語り合った半年間かな」と笑っていたのは女専時代の友人です。

彼女の夫は口数の少ない技術畑の仕事人間でした。唯一の楽しみは、休日に一人で行く釣り。妻に文句を言ったり、困らせたりするようなことはなかったのですが、寡黙な夫の気持ちがわからずに、子のない妻はずっと孤独だったようです。定年後、間もなく夫が病気になり、はじめて夫婦らしい会話をたくさんし、夫と心を通わせることができたのだそうです。彼女はしみじみ「長生きしたおかげでいいことがあったわ」と語っていました。

今、つらい環境にあったとしても、それはやがて、「あのとき大変だったんだよ」と笑顔で語る、人生の中で指折りの思い出になります。

そして、その思い出の陰には必ず、自分を支えてくれた人、信じてくれた人、愛してくれた人がいることに気づくでしょう。

家族や友人と一緒に「これまでで一番嬉しかったこと」について語り合ってみてはどうでしょうか。

年齢を重ねれば重ねるほど、苦労話と同じだけのなつかしい思い出話が出てくるはずです。苦労を思い出として語るとき、それは、頑張った自分を誇らしく感じる時間であり、幸せな今を実感する時間でもあるのです。

つらかったことが
幸せな記憶に変わったら
それは、成熟のしるし

——今がつらくても、必ずそれは思い出に変わる

生きた証は、大切な人の胸の中で思い出されること

「生きるということはどういうことでしょうか」と聞かれることがありますが、生きた証（あかし）というのは死後も、大切な人に思い出されることだと思います。

生前、永六輔さんが、「人の死は二度ある。最初の死は、肉体の死。でも、死者を覚えている人がいるかぎり、その人の心の中で生き続けている。最後の死は、死者を覚えている人が誰もいなくなったとき」と言われていますが、たくさんの恩人を見送った今、本当にそのとおりだと実感しています。

そして、覚えられている人というのは、本当に多くの人から覚えられているものです。ときに「あのときあんなこと言われたわ」と、いい面だけじゃなかったにせよ、誰もが故人のことを笑顔で思い出すとき、晩年の弱った姿ではなく、は

つらつとした魅力ある人物がその輪の中に現れます。思い出話こそ、その人の生き様を表しているのだと思うのです。

では、思い出される人になるためにはどうしたらよいのかといいますと、まずは、友だちをたくさん増やすこと。そして、ボランティアなどを通じて、社会とつながり、人のために活動することです。

子育てが一段落した主婦や、会社を定年退職した人などは、その後、積極的に社会と関わっていかないかぎり、人との関わりは薄れていく一方。それでは、自分の名前を呼ばれるのは、病院くらいしかなくなっていきます。

長い年月で蓄えた知恵や技術を、未来へと伝えることは、長く生きた者の務めだと思います。人とつながり、誰かのためになることをして生きた人は、必ず思い出される人になれます。

人は「誰かの思い出」に永遠に生き続ける

――あなたの胸の中には誰がいますか？

今この時を丁寧に味わいつくして生きる

今年、九十歳になりました。そして、弁護士になって六十一年がたちます。人生を揺るがすような一大事に私を選んでくださる依頼者のため、一つ一つの事件に、向き合うことだけに尽力してきました。過去のことにクヨクヨする暇もなく、その時々を、せいいっぱいに生きてきました。

弁護士をやっていて実感することは、人は誰もが明日はどうなっているかわからないということです。

だからこそ、今日できることは、今日やる。一つの事件、一人の相談者、そして、一日を丁寧に扱い、生きる。そうやって日々を過ごしてきたように思います。

私は、お礼のお電話や手紙など、嬉しいことがあれば、その日のうちに伝えるようにしています。それは、礼儀とか、成功の秘訣ではなく、そうすることが、自分自身にとって嬉しいからであり、相手も喜んでくれるから。そして、明日はお互いどうなっているかわからないからであり、今日、つながっていることを心から喜び合えるからです。

「今日一日を一生懸命やらなければ明日もない。
一日を一生のように生きる
明日はまた新しい一日が生まれてくる」

天台宗大阿闍梨、酒井雄哉さんがこのようなことを言っていました。

僧侶になる前、特攻隊の基地へ。終戦後にはじめたラーメン店は火事で焼失、新婚二か月で妻が自殺。人生の苦しみを味わった酒井さん。比叡山に入山してから、七年間をかけて行う命をかけた荒業「千日回峰行」を二度も満行し、実感していることこそ「一日を大切に生きる」ということだったのです。

一方、修行者ではない私たちの毎日にも、さまざまな苦難が訪れます。

息をするのも忘れるほどにつらい状況、理不尽な思い、以前は大切に思っていた人からの裏切り、夫婦や家族間の争い、病など、生きていればいろいろな災難に見舞われます。

人生のどん底にいるとき、人はその闇がずっと続いていきそうな錯覚を覚え、足はすくみ、希望を抱けなくなるものですが、絶望的に見える状況は、長くは続きません。なぜなら時間は流れていて、変わらないように見える状況も、刻々と移り変わっているからです。

だからこそ、今日一日をせいいっぱい、丁寧に過ごしませんか？

今日一日、その時々に自分らしい花を咲かせ、眠るようにこの世からお別れするときには、花びらにしずくがしたたるような、瑞々（みずみず）しく可憐（かれん）な「まことの花」に包まれたいものです。

生きることの醍醐味(だいごみ)は、最後の「まことの花」を思い描き、今この瞬間の花を咲かせること

――明日のことなんて誰にもわからないから

おわりに

私が生まれた熊本は、養蚕が盛んな町でした。

子どものころ、熊本の上通町にあった蚕糸場で、蚕の繭から絹の糸が作られていくのを興味深く見ていたものです。

繭を温かいお湯に浸してやわらかくして、ほぐれた繭の繊維を引っ張るようにして引き出すと、細い一本の糸が生まれます。その細い糸は一本では切れてしまいますが、撚り合わせて少しずつ強さとしなやかさを持つ美しい一本の絹糸になっていきます。

人生もそれと同じだと思うことがあります。

一本の糸を一人の人間として見るならば、生まれたときは、細くて、すぐに切れてしまいそうな糸でも、何重にも糸が重なって少しずつ強度を増し、しなやかになっていきます。

そして、糸はどんどん長くなり、他の糸と織り成されながら面になり、やがて、大きな布になっていきます。大きな布は、人をやさしく包むこともできます。これが、人と人とのつながりであり、社会のあり方だと思うのです。

ところが、一本の糸同士がほどよい距離を保ちながら織られていかなければ、面はできあがりません。糸は一度からまりはじめるとなかなかほどくことができず、さらなるからまりを生み、最後は切るしかなくなってしまいます。

もつれた糸をほどこうとするのであれば、一本一本の糸が切れないよう、丁寧に時間をかけてほぐしていく必要があります。そう、やっぱり時間が必要なのです。

だから私は、長生きすることは、「ご褒美の時間」だと思っています。

それまで誰かとの心のからまりがある人は、この時間こそ、もつれた糸をほどき、一本の糸に戻すことに使えます。まだ若い人も、誰かとほどよい距離でもっともっと心地よい時間を過ごせます。

誰かとの心の糸のからまりは、恥ずべきことではありません。

もつれにもつれた糸を一本の糸に戻してみると、からまった場所には傷ができ、ほつれがあるかもしれません。でも、他にはない味のある風合いの糸がそこにはあるはずです。

そんなふうに、人生を考えてみてほしいと思います。

ゆっくりと、時間をかけて、もつれた糸をほどいていく人生のボーナスタイムを、味わいつくしてください。

二〇一七年十一月吉日

湯川久子

参考文献

『風姿花伝・三道　現代語訳付き』世阿弥／竹本幹夫訳注（角川ソフィア文庫）
『聖書』新共同訳　旧約聖書続編つき（日本聖書協会）
『二人が睦まじくいるためには』吉野弘（童話屋）
『愛あるところに神あり（トルストイの散歩道）』レフ・トルストイ／北御門二郎訳（あすなろ書房）
『青春とは、心の若さである。』サムエル・ウルマン／作山宗久訳（角川文庫）
『司馬遼太郎とその時代【戦後篇】』延吉実（青弓社）
『一日一生　愛蔵版』酒井雄哉（朝日新聞出版）

湯川久子（ゆかわ・ひさこ）

1927年、熊本県生まれ。中央大学法学部卒。1954年に司法試験合格、ほどなく結婚し、1957年“九州第1号の女性弁護士”として福岡市に開業。２人の子を育てながら、60年を超える弁護士人生の中で、１万件以上の離婚や相続などの人間関係の問題を扱い、女性の生き方と幸せの行く末を見守り続けてきた。1958年より2000年まで福岡家庭裁判所調停委員。調停の席につく際は、あえて弁護士バッジをはずし、人生の先輩として家族問題の仲介に。弁護士になりたてのころにはじめた能を趣味とし、宝生流教授嘱託として理事も務めた。相談者の心をやさしく包み込みながらも、力強い口調で背中を押し、もつれた人生の糸をほどいてきた。

ほどよく距離を置きなさい

2017年11月25日　初版発行
2025年 7 月15日　第23刷発行

著　者　湯川久子
発行人　黒川精一
発行所　株式会社サンマーク出版
東京都新宿区北新宿 2-21-1
電話　03-5348-7800
印　刷　中央精版印刷株式会社
製　本　株式会社若林製本工場

ISBN978-4-7631-3663-3　C0095
ホームページ　https://www.sunmark.co.jp